우리는 날마다
교회가 무엇인지
묻는다

우리는 날마다 교회가 무엇인지 묻는다

말씀이 실제가 되는 교회론

초판 1쇄 발행 2024년 1월 25일
초판 3쇄 발행 2024년 4월 15일

지은이	이재학
발행인	강영란
사업총괄	이진호

발행처	샘솟는기쁨
출판등록	제 2019-000050 호
주소	서울시 중구 수표로2길 9 예림빌딩 402 (04554)
대표전화	02-517-2045
팩스(주문)	02-517-5125
홈페이지	https://blog.naver.com/feelwithcom
전자우편	atfeel@hanmail.net

편집	박관용 권지연
마케팅	이진호
디자인	트리니티
제작	아이캔
물류	신영북스

ⓒ 이재학, 2024
979-11-92794-31-0 (03230)

이재학 지음

우리는 날마다
교회가 무엇인지
묻는다

말씀이 실제가 되는
교회론

샘솟는
기쁨

삶이 교회 되는
새 길을 찾아서

우리는 날마다
교회가 무엇인지
묻는다

교회가 무엇이냐는 질문에 '예수 그리스도를 믿는 사람의 모임', '구원의 방주', '하나님의 말씀이 선포되는 공동체' 등 다양한 답이 존재한다. 이 책은 '부름받은 예배 공동체', '세움받은 교육 공동체', '보냄받은 선교 공동체'라고 답하고 있다. 이 정의가 소개될 때 독자는 외칠 것이다. 그래! 이게 진짜 교회지! 우리 시대의 교회가 바로 세워지기를 바라는 사람들, 교회가 어떠해야 하는지 알기 원하는 사람들, 그리고 교회로서 어떻게 살아가야 할지 고민하는 모두에게 훌륭한 안내서이다. **김관성 |** **울산낮은담교회 담임목사, 『본질이 이긴다』 저자**

하늘땅교회를 개척할 무렵부터 아는 내게 이 책의 이야기들은 듬성듬성한 기억을 만족스럽게 채워 준다. 수업에서 나눈 신학적 대화들을 저자의 목회에서 발견하면서 생생한 증인이 된 기분이었다. 은혜의 복음에 대한 확신이 있고, 예배 공동체의 감격이 있고, 다양한 세대가 그리스도 안에서 함께 성장하는 이 교회는 교인들만의 공동체가 아니라 이웃과 더불어 코이노니아를 나누는 충일한 복음의 공동체다. 또한 작은교회연구소는 목회자들 및 교회 간의 연합을 이루는 모범 사례로서 현실의 교회들이 가장 필요로 하는 상생의 모델이라 해도 과언이 아니다. **김선일 | 웨스트민스터신학대학원대학교 실천신학 교수**

Ctrl+V(붙여넣기)를 한 것처럼 목회 모습이 이리 같을까? 이 책의 단락 단락을 넘을 때마다 연신 감탄할 뿐이다. 이를 은혜라고 하는 것일까? 저자가 남다른 열정으로 사역함을 익히 알고 있었지만, 나 역시 온 마음으로 이루어 가던 사역들이 때로는 확실치 않았는데 그에 대한 확답을 받는 마음으로 읽어 갔다. 새로이 섬기고자 하는 목회자와 성도들은 물론 예비 목회자들이 꼭 읽어야 할 필독서로 추천한다. **김정식 | 예온교회 담임목사**

폭풍이 지나면 바다 생태계가 다시 살아난다고 한다. 한국 교회는 지난 3년간 악몽 같은 암흑의 터널을 지나왔다. 느헤미야의 심정으로 무너진 목회의 성벽을 다시 세우고, 에스라의 믿음으로 예배를 회복해야 할 때다. 이재학 목사의 작은교회 연구소와 사역 현장의 경험으로 이 시대의 목회적 아픔을 안고 있는 목회자들에게 올바른 가이드가 되리라 믿는다. **나상오 | 백석신학대학원 기독교학부 교수**

이 책을 추천할 첫 번째 이유는 저자가 이재학 목사이기 때문이다. 교회를 고민하는 사람은 많다. 그러나 저자는 고민한 대로 살아 낸다. 교회가 무엇이고 어떠해야 하는가에 대한 고민과 실천 스토리를 담은 이 책은 교회에 대한 열정을 불태울 좋은 불쏘시개가 될 것이다. **박광리 | 우리는교회 담임목사**

공감, 공존, 공생이라는 꿈같은 하늘 이야기를 이 땅에서 감히 도전한 이야기다. 늘 교회를 향한, 영혼을 향한 뜨거운 사랑을 담아 외치는 저자의 하늘땅교회 이야기, 밤을 지새우며 감동과 도전과 숙고를 하게 한다. 그렇지, 이것이 교회다! 40년을 목회한 선배로서 후배의 멋진 발걸음을 그려 보며 이 책을 추천한다. 이 나이에 이런 교회를 꿈꿔 본다. **박정제 | 목사, 라마나욧선교회 대표**

목동 다윗을 떠올리게 하는 이재학 목사님. 저자는 하나님과 동행하며 적들과 싸우며 깊은 신뢰를 배우고, 맡겨진 양 떼를 돌보기 위해 어떠한 것도 아끼지 않는다. 그렇기에 그의 교회 이야기는 이론이나 상상에 그치지 않는다. 하나님과의 동행 흔적이며, 그분께서 행하신 일을 찬양하는 노래요 시, 사랑의 이야기다. 하늘의 뜻이 땅에서 이루어지는 삶의 서사이다. **윤은성 | 목사, 한국어깨동무사역원 대표**

팬데믹으로 교회를 떠난 3040세대가 30~40%에 이른다. 다시 교회로의 복귀를 권면하는 목회자들에게 '온라인 예배도 예배라면서요'라고 되묻는다. 신학적 성찰 없는 값싼 교회론을 추구하다 값비싼 고통을 당하고 있는 것이 한국 교회의 상황이다. 여기 날마다 교회란 무엇인가 묻는 목사의 절규가 있다. 그 자신도 길을 잃어 가며 벼랑 끝에 매달려 비로소 길을 찾은

목사의 이야기이다. 긴 겨울 동안 일독한다면 꽃피는 봄날이 찾아올 것이다. **이요섭 | 꽃피는 봄날 대표**

이 책이 참 반갑다. 저자는 에스라 같은, 목회 현장을 고민하는 실천신학자요, 교회론과 목회신학을 연구하는 목사님이다. 이제 그와 함께 '거대 담론'에서 '근본 담론'으로의 고민과 도전의 길을 떠나자. 포스트모더니즘의 상대 진리와 다문화 속에, 포스트크리스텐덤의 기독 왕국 이후 시대에, 포스트코로나 앤데믹-뉴노멀에서, 다시 교회를 점검해야 한다. 마지막 시대에 상황적(contextualization)이고 예언자적(prophecy), 사도적(apostolic) 영성이 필요하다. 시대적 요청에 따른 이론과 실제로 응답하는 이 책! 하늘땅교회 이야기를 감사한 마음으로 추천한다. **오만종 | 오빌교회 담임목사, 『샘플처지』 저자**

이재학 목사를 생각하면 '진정성'과 '한결같음' 두 단어가 떠오른다. 교회와 사람을 향한 그의 진정성과 한결같음이 사람들의 마음을 움직여 왔다. '땅이 하늘이 되는 세상'을 꿈꾸는 많은 이들이 그와 함께하는 이유일 것이다. 이 책을 기쁘게 추천한다. **오준규 | 낮은마음교회 담임목사**

이재학 목사는 나의 인생길에 참 좋은 벗이고 존경하는 사람이다. 타인을 안아 줄 가슴이 있고, 약자를 도와줄 손과 발이

있다. 그를 곁에 두고 싶지만 한 걸음 앞선 그의 뒷모습을 보고 따라갈 뿐이다. 그의 머리, 그의 가슴, 그의 몸에는 '교회'가 깊게 새겨져 있다. 예수님의 핏값으로 사신 교회는 언제나 그의 숙제였다. 모든 여정을 지켜본 나에게 '하늘땅교회'는 기적 같았다. 더 기대되는 것은 그의 이야기는 현재진행형이라는 사실이다. **전기철 | 강남새사람교회 담임목사, CTS TV 방송 진행자**

들꽃을 사랑한다. 가장 번식에 성공한 들꽃 민들레, 민들레의 전략은 흩어지는 것이다. 나는 28개 교회를 분립 개척하고 은퇴 후 손자 교회 두 곳이 탄생했다. 성장 시대를 거치면서 한국 교회는 몸집을 키우는 데 힘썼고, 위축 시대가 급격히 도래하고 말았다. 지금은 교회론을 바르게 정립해야 할 때다. 저자는 교회가 무엇인지를 파고들었다. 모이고 흩어지는 교회, 교회가 교회를 세우고 목회자가 목회자를 세우는 교회론을 깨달은 목사이다. 이 책을 기쁨으로 추천한다. **정성진 | 거룩한빛광성교회 은퇴목사, 크로스로드 선교회 대표**

저자는 목회신학 인기 강사다. 10년 이상 매 학기 목회 이야기를 듣는데 모두 동의하고 감동한다. 20번 넘게 들었던 나도 매번 새롭다. 저자의 목회는 가장 인간적이고 가장 신학적이다. 신학적 고민과 묵상의 결과이다. 바른 교회관에서 나온 목회는 공동체를 세우고 또 다른 공동체를 세운다. 이 책을 읽

다 보면 깊이 빠져들고, 어느 순간 다 읽은 아쉬움이 남는다. 조심할 것은 다 읽기도 전에 교회 개척의 유혹이 밀려온다는 점이다. **조성돈 | 실천신학대학원대학교 목회사회학과 교수**

다음 세대 신앙 교육을 고민하며 마이크로처치 운동 연구를 시작했다. 선교적 교회의 여러 표현들 중 마이크로처치는 교회의 최소 본질에 충실하려는 혁신적 교회론이다. 저자가 소개하는 하늘땅교회는 이미 교회의 최소 본질에 충실하려는 몸부림과 교회론이 그대로 담겨 있다. 보기 드문 마이크로 샘플 처치라고 할 수 있다. 다음 세대가 떠나지 않는, 성도의 삶이 교회가 되는 하늘땅교회의 내일이 오늘보다 더 기대된다. 교회의 본질이 아닌 형식과 제도에 낙심한 성도들이 꼭 읽어야 할 책이다. **전병철 | 아신대학교 기독교교육과미디어학과 교수, ARCC 연구소장**

질문이 분명해야 답이 나온다. 교회란 무엇인가? 교회의 존재론이 확실해지면 질문의 초점은 반전되고, 성도 자신이 질문의 대상이 된다. 나는 누구인가? 나는 교회인가? 그에 어울리는 삶을 사는가? 고백하건대 하늘땅교회에 출석한 지 8년이 지난 지금 얼마나 자유로워지고 가벼워졌는지 나만 잘하면 된다는 고민조차 잊고 산다. 자신이 교회인지 아닌지 성도인지 아닌지 분간조차 되지 않는 불확실한 존재론에서 해방될 때 누리는 특권일 것이다. 이 책에서 진짜 교회를 마주하기까지 앞장

우리는 날마다
교회가 무엇인지
묻는다

서서 교회 자체를 고민한 저자의 영적 족적을 만났다. **최지현 | 작가, 하늘땅교회 성도**

사도행전은 계속되고 있다. 성령께서 일하심으로 교회의 역사는 진행 중이다. 사도행전 29장을 써 내려가는 복음의 울림통, 하늘땅교회 이재학 목사가 그 주인공이다. '소풍 목회'라는 목회 철학이 주님의 몸 된 교회를 세워 간다. 온 교인이 땅에서도 하늘을 바라보며 한마음으로 신앙 공동체를 세워 온 육필 증언, 교회의 출발에서 성장까지 간증의 역사는 눈길을 뗄 수 없게 한다. **추태화 | 전 안양대 기독교문화학과 교수**

차례

PART 1

부름받은 예배 공동체   18
예배·설교·성례전

부르심과 응답 사이 / 목회를 준비하다 / 그리스도께서 부르신 교회 / 하늘과 땅을 품은 이름 / 가족 같은 교회, 교회 같은 가정 / 왜 주일이 축제여야 하는가 / 공동 목회, 초대 교회를 본받다 / 목회는 소풍 / 전 세대가 함께하는 예배 / 한 가족이 되는 세례 / 전 교인 릴레이 금식 기도회 / 삼중 감동 목회 / 공간 신학 / 열심 기도회 / 통장이 비어 있는 교회 / 공감, 공존, 공생의 목회

우리 모두의
교회를 위하여

우리는 날마다
교회가 무엇인지
묻는다

많은 이가 글을 쓰고 싶어 한다. 오랜 시간 내게도 그런 열망이 이어졌다. 교회가 그 내용이자 주제였고, 교회가 품은 이야기를 알기 쉽게 풀어 쓰고 싶었다.

벌써 수년 전이다. 산골 교회에 부흥회 인도를 하게 되었다. 그날따라 대설주의보가 내리고, 오지 마을이 온통 눈으로 뒤덮였다. 부흥회를 마치고 떠나려는데 이미 교통이 마비되어 가도 오도 못하게 되고 말았다. 결국 교회 권사님 집에서 하룻밤을 묵게 되었다. 교회 생활을 얼마나 하셨냐고 물었더니 50년이 되어 간다고 하신다. 수고 많이 하셨다고 하자 손사래 치며, 그저 교회 문은 닫혀 있지 말아야 한다는 생각에 이른 아침에 밭일하러 가다가 교회 문을 열고 마당을 쓸고, 해 질 녘 돌아오는 길에 교회 문을 닫았다고 한다.

교회는 권사님에게 무엇이었을까? 내게 던져진 질문이었다. 어떻게 50년 동안 한결같이 아침에 교회 문을 열고 저녁이면 교회 문을 닫으며 온전히 자신의 삶을 드릴 수 있었을까? 그뿐이 아니었다. 권사님 인생은 교회 이야기이기도 했다.

이 이야기가 나와는 상관없다고 생각할 수도 있다. 교회에 대해 더 거대한 꿈을 가진 이도 있을지 모른다. 더러는 교회 주변을 맴돌며 상처 입은 나그네처럼 살아가고, 더러는 신앙을 버리지도 못하고 교회를 떠날 수도 없는 상태에 이르렀을지도 모른다. 그러나 한 가지 사실은 분명하다. 우리 모두 교회가 새로워지고, 교회의 본질이 회복되길 바란다는 것이다.

왜 교회를 찾고 교회에서 살고자 할까? 자기 부인과 자기희생을 끊임없이 이루어야 하는데 말이다. 흔한 말로 밥이 나오거나 떡이 나오는 일도 아니다. 세상은 어두워지고 교회는 제 역할을 못하는데, 왜 힘주어 교회를 말하고 교회로 살아가고 싶어 할까?

나 역시 교회를 떠날지 말지 고민하던 20대가 있었다. 그러나 떠나지 않았으며, 더욱 교회가 무엇인지 알고자 했다. 교회를 다니라고만 하지 않고 교회가 무엇인지를 전하는 목회자가 되고 싶었다. 신앙도, 신학도, 목회도 그 중심에 오직 예수 그리스도의 몸 된 교회를 품고 싶었다. 보이지 않는 그리스도를 세상 가운데 보여야 할 의무가 교회에 있었다.

20세기 신학자 칼 바르트(Karl Barth)는 하나님의 백성 공동체인 교회를 삼중 구조(Trias Theory)로 설명했다. 부름받은 공동체(called out), 세움받은 공동체(called up), 보냄받은 공동체(called into)이다. 이 책은 교회의 '삼중 구조'를 기초로 세 파트로 나누었다. 신학적 교회론을 서술하려는 것은 아니다. 연구자들의 교회론이 아니라 교회 되어 살아가는 우리들의 이야기를 쓰고자 했다. 꿈꾸는 교회가 서로 다르더라도 교회의 본질과 씨름하고, 교회를 통해 실천적 대안을 찾아가며, 어떻게 공동체를 이루어 왔는지 나누고자 했다.

하늘땅교회는 2010년 12월 경기도 오산에서 시작되었다.

우리 가정에 세워진 교회가 빈 창고를 거쳐 지금의 상가 건물에서 예배하기까지 10여 년이 흘렀다. 그동안 교회는 의도적으로 작아야 건강하다는 믿음을 가지고 목회를 했고, 계속해서 교회가 교회를 세우고, 목회자가 목회자를 세우는 일을 지속해 왔다. 숫자를 앞세우는 팽창보다 옆으로 배가하려는 노력이었다.

아낌없이 흘려보내는 일에 성도가 함께 동참하여 우리를 "어두운 데서 불러 내어 그의 기이한 빛에 들어가게 하신 이의 아름다운 덕을 선포하게"(벧전 2:9) 하신 하나님의 부르심, 세우심, 보내심을 끝까지 완수하길 소망한다. 오늘도 낮은 자리에서 함께 등을 기대고 살아가는 우리의 예수 이야기, 신앙 이야기가 계속되길 기도한다.

2023년 12월,
저자 이재학

PART 1

부름받은

예배
공동체

Called out
community

교회는 부름받은 공동체이다.
어쩌면 한국 교회의 많은 문제는
이 정체성을 모르거나, 이 사실을
놓치고 살아가기 때문에 발생하는
것은 아닐까? 나를 부르신 분,
우리를 부르신 분이 하나님임을
시인하는 것이 신앙의 시작이다.
부르신 하나님에 대한 감사와 찬양이
예배이다. 부르심을 놓치지 않고
살아가는 것이 예배이다. 그래서
우리는 예배해야 한다.

부르심과
응답 사이

성경의 사건은 모두 하나님의 부르심과 인간의 응답 사이에 놓여 있다. 우리의 행동(action)은 우리를 부르신 하나님에 대한 반응(reaction)이자 사건이다.

창세기 12~22장을 보면 하나님은 구원을 위하여 아브라함을 부르셨다. 그리고 믿음의 사람으로 세우기 위해 그를 연단하셨다. 그중에 하나가 약속하신 아들에 대한 지연이다. 또

100세에 얻은 아들을 번제로 바치라고 부르셨다. 그 부르심에 순종하는 아브라함을 보며 다급해진 하나님은 그를 두 차례 연이어 부르셨고, 그 아들을 대신해 준비한 수풀에 걸린 어린 양을 보여 주신다.

출애굽기 3장에는 하나님이 80세가 된 모세를 부르시는 장면이 나온다. 그에게 이스라엘 백성을 이끌고 약속의 땅 가나안을 향해 가라는 사명을 주신다. 사무엘상 3장에는 여호와의 말씀이 희귀하고 이상이 흔히 보이지 않던 때, 사무엘을 세 번이나 부르시는 장면이 등장한다. 대선지자 이사야도 하나님의 부르심이 있었기에 한 시대 쓰임받을 수 있었다. 완강하게 부르심을 거절하던 이사야는 결국 하나님의 뜻에 순복한다. 주님은 열두 제자를 부르셨고, 다메섹으로 가던 바울을 부르셨다.

부르심 앞에 모두 "주여 내가 여기 있나이다"라고 고백했을까? 그렇지 않다. 바울이 변화되기 전 사울일 때, 주님이 "사울아 사울아 네가 어찌하여 나를 박해하느냐"(행 9:4)라고 부르셨지만 사울은 "주여 누구시니이까"(행 9:5)라고 반문한다. 주의 부르심에 깨어 있는 자라면 바로 응답했겠지만, 사울은 알아차리지 못하고 되묻는다.

칼 바르트는 교회를 하나님의 백성으로서 부름받은 공동체라고 말한다. 교회의 토대가 하나님의 부르심에 있다는 것이다. 하늘에서 떨어진 것이 아니라 하나님이 부르셔서 세워진 공동체가 교회이며, 부름받은 사람들이 성도이다.

우리는 날마다
교회가 무엇인지
묻는다

교회를 뜻하는 단어 '에클레시아'는 '밖으로'를 의미하는 전치사 '에크'와 '부르다'를 의미하는 동사 '칼레오'의 합성어이고, '밖으로 부르다' '밖으로 부름받다' '불러내다'라는 뜻이다. 본래 히브리어 '카할'에서 유래된 에클레시아는 모이는 사람들을 가리킬 때 사용하였다. 신약에 등장하는 '교회'는 유대인들이 모이는 회당과 구별하기 위해 자신을 에클레시아라고 했다.

중요한 것은 하나님이 세상에서 교회로 나를 부르셨다고 고백하며, 더 나아가 하나님이 나를 심으셨다고 믿는 것이다. 초대교회는 세례를 받기 전, 무엇보다 소속감이 확실한지를 보았다. 교회를 다닌다는 것은 예수 그리스도께 소속된 것이기에 다른 어떠한 것에 기웃거리지 않았다. 로마 황제에게 절하지 않았으며, 오직 하나님이 부르신 교회에 자신이 소속되어 있음을 포기하지 않았다.

부름받은 공동체, 교회는 하나님 앞에 예배하는 공동체이다. 하나님이 부르셔서 예배하게 하셨고, 하나님을 찬송하게 하려고 부르고 지으셨다. 그 예배는 곧 예수 그리스도를 믿는 신자들의 정체성이었다.

오늘 우리는 예배를 통하여, 과거의 사건이 현재로 기억, 기념, 재현되는 과정을 경험한다. 재현은 과거의 경험을 내 경험의 세계 속으로 가져오는 것을 의미한다. 2,000년 전 예수 그리스도의 십자가 사건이 내 경험 속에 재현되어, 예배를 드리고 세상으로 나아갈 때 그 십자가의 삶을 재현하게 된다.

그뿐만 아니라 예배는 미래의 사건을 미리 맛보는 시간이다. 장차 누릴 하나님 나라의 잔치를 지금, 여기서 경험하는 사건이기에 예배는 시간과 영원의 교차로에서 살아 내는 시간이다. 부름받은 하나님의 백성은 예배를 통하여 예수 그리스도의 한 몸으로 부름받았음을 기억하게 된다.

초대교회 예배는 안식 후 첫날에 주님의 부활을 기뻐하며 제자들이 모여 떡을 떼면서 시작되었다. 우리는 그런 면을 헤아려서 말씀의 예전과 성례전의 균형을 회복하고, 그리스도 부활의 기쁨과 감격에 능동적으로 참여해야 한다. 어떻게 예배를 만들어 내고 날마다 성찬의 기쁨을 누릴 수 있을까 고민하는 것이 부름받은 공동체의 사명이다. 자신의 몸을 깨뜨려 주신 예수 그리스도의 십자가에 감사하며, 날마다 기억하고 재현하는 삶이 공동체에 뿌리내리도록 하는 것이 우리의 첫 번째 사명이다.

목회를
준비하다

오산에서 하늘땅교회를 개척한 지 10여 년이 지났으니 벌써 20년 전 이야기이다. 교회를 개척하기까지 교회 세 곳에서 사역하면서 공동체를 배우고, 성령의 일하심을 알고, 또 시대를 읽으며 사람을 이해하는 문화 사역을 경험했다. 그 시간이 지나면서 무엇보다 목회가 무엇인지 조금씩 알아 갔다. 내게 목회는 날마다 죽는 것이었다.

목사 안수를 받을 때가 다가오자 혼돈스러웠다. 사역과 신앙에 대한 갈등과 회의가 밀려들어 교회에 대한 질문이 많아졌다. 이런 내 상황을 출석 교회 목사님께 고백하면서 깊은 교제를 통해 근원적으로 복음에 다가갈 수 있었다.

그랬다. 교회는 '죄인들의 공동체'였다. 그래서였을까? 한스 큉(Hans Küng)은 교회란 항상 개혁되어야 한다고 했고, 사람과 문화, 역사에 따라 변화한다고 했다. 또한 존 스토트(John Stott)는 자신이 그리스도인이 된 것은 예수 그리스도의 끈질긴 추적이 있었기에 가능했다고 고백했다. 그의 고백은 그리스도인이 누구인지를 생각하게 했고, 나의 신앙고백 역시 다름이 없다. 하나님의 아들이고, 세상의 구세주이자 심판자인 그리스도의 십자가는 우리를 향한 위대한 초대였다. 십자가는 하나님의 거룩한 사랑을 드러내면서 인간의 죄에 대해 속죄를 이루었고, 구원과 자유에 이르는 길임을 전하고 있다.

이 과정에서 성경에서 말하는 죄를 묵상하게 되었다. 하나님을 온전히 사랑하지 못하고 이웃을 사랑하지 못하는 우리는 죄인이었다. 그 이유는 크게 탐욕과 음란, 교만에서 비롯되곤 한다. 하나님과 이웃을 사랑하도록 만들어진 우리가 회복되는 길은 예수 그리스도 앞으로 나아가는 것이다. "수고하고 무거

운 짐 진 자"를 부르시며 "너희를 쉬게 하리라"고 하신 말씀을
들어야 한다.

2004년 1월, 목사 안수를 받고 첫 사역지에 부임하게 되었
는데, 어쩐 일인지 내가 맡은 교구에서 줄초상이 나기 시작했
다. 장례는 입관, 발인, 하관, 위로의 과정을 거치면서 예배 인
도를 해야 하는데, 부임하자마자 예닐곱 차례 감당하다 보니
설교를 소홀히 하는 건 아닌지 부담이 될 정도였다. 그렇다고
피할 수 있는 일이 아니었다. 그해 교구에서 50회가 넘게 장례
예배를 인도해야 했던 나는 400회 가까운 장례 설교를 하게 되
었다.

이 시간은 가정 사역과 교회 공동체를 동시에 바라보게 했
고, 삶과 죽음을 묵상하게 했다. 그때 온몸으로 다가온 말씀은
"초상집에 가는 것이 잔칫집에 가는 것보다 나으니 모든 사람
의 끝이 이와 같이 됨이라 산 자는 이것을 그의 마음에 둘지어
다"라는 전도서 7장 2절이었다. 이어지는 7장 4절 "지혜자의
마음은 초상집에 있으되 우매한 자의 마음은 혼인집에 있느니
라"라고 하신 말씀을 지금도 자주 떠올린다.

1년 내내 장례의 자리에 있게 되면서 목회 철학이 분명해
진 데는 장례의 자리가 복음이 전해지는 자리로 바뀌는 것을
보았기 때문이다. 다시 교회에 대해 새 소망이 생겼다. 무려
80여 명의 유가족이 하나님의 품으로 돌아오는 기적 같은 일

이 일어났던 것이다. 장례 예배가 축복의 통로가 되어 주었다. 때로는 힘들고 지쳐서 불평했고, 목회가 이래야 하냐고 항변했지만, 하나님은 그런 나를 점차 회복시키시고 더 깊이 목회자의 길로 인도하셨다. 목사로 산다는 것에 대해 부정적이던 내게 잘 죽는 것이 목회임을 확신하게 하셨다.

전도사 시절, 부목사 시절에는 "날마다 죽노라"(고전 15:31)라고 고백했던 사도 바울의 심정이었지만 잘 죽는다는 것은 결코 쉬운 일이 아니다. 얼마나 자기 부인을 해야 하는가? 매일매일 자신에게 관대해지려는 마음을 끊어야 한다. 아는 것조차 잘 지키지 못하는 인간의 모순은 또 어쩌겠는가? 그럼에도 불구하고 건강한 교회를 향한 열망은 멈추지 않았다. 한편 그 중심에 있는 목회자의 삶이 어떠해야 하는지 놓칠 수 없었다.

삶은 호락호락하지 않았다. 교회를 섬기며 고민하는 내내 협심증을 앓았던 나는 늘 비상약을 가지고 다녀야 했다. 출산을 하루 앞두고 첫아이를 잃는 상실은 우리 가정을 아프게 했다. 그럼에도 기어이 기도의 끈을 이어 가게 했던 것은 교회 개척의 부르심이었다.

그동안 행위적인 믿음을 강조한 우리 교회 현실이 힘겨웠다. 왜 무작정 교회에만 다니라고 하는지, 왜 교인의 숫자로 믿음의 정도를 측정하려고 하는지 고민하게 했다. 교회를 다니기만 하면 예수 그리스도를 만날 수 있는 것인가? 예수 그리스도로 인해 삶이 변화되어야 하지 않겠는가? 그분처럼 살아가야 하지 않겠는가? 얼마나 많은 예배를 드렸는지, 얼마나 많은 헌금을 하는지, 얼마나 많은 사역을 감당하는지 등이 우리 교회 이야기의 전부라면 안타까운 일이었다.

그 사이에 주변 교회 환경은 나빠졌다. 교회에서의 열심은 이해관계의 충돌이 생길 때마다 갈라지는 아픔으로 이어졌고, 또 반복되었다. 심지어 문제의식을 가지고 함께 공감하고 나누는 일조차 조심스러운 일이 되고 말았다. 목회 여정 가운데 갖가지 상황을 겪게 된 나는 교회의 본질을 전하는 목회를 해야겠다고 다짐할 수밖에 없었다. 성경이 말하는 교회를 어떻게 구현하고 어떻게 실제가 되게 할 것인가? 교회 개척의 부르심은 본질 목회와 공동체 목회에 대해 하나씩 실천하면서 시작되었다.

그리스도께서
부르신 교회

부교역자 시절, 사람 중심인 교회는 사람 따라 흔들릴 수밖에 없다는 것을 배웠다. 개중에 더욱 위태롭게 보인 건 인기몰이에 영합한 몇몇 목회자들이 복음을 전하는 일보다 자기 사람을 모으는 데 열중한다는 사실이었다. 그들은 자기에게 충성하는 사람의 숫자를 늘리는 일이 성공 목회의 지름길이라

우리는 날마다
교회가 무엇인지
묻는다

고 믿는 듯했다. 하지만 코로나 시국을 거치면서, 누구도 피할 수 없는 상황을 지나면서 무엇이 진짜 목회인지 드러났다. 성도들은 더 좋은 교회를 찾으려고 했고, 성도 숫자가 급격히 줄어든 교회는 당황스러웠을 것이다. 문제가 드러났다는 점에서 다행이라고 할까. 바른 신앙의 기초가 봉사와 헌신의 양이 아니라는 것을 다시 되짚게 되었고, 필요에 따라 교회를 선택하지는 않았는지 반성하게 했다.

부흥하던 교회가 왜 갈라질까? 교회에 다니라고만 하고, 교회를 가르치지 못했다. 이것이 교회 안에서 이해 충돌이 생기면 갈라지는 원인이라고 보았다. 교회학은 목회학과 예배학, 교회 행정과 선교학과도 밀접하지만, 무엇보다 그리스도와 교회의 관계, 구원의 역할, 교회 리더십 등을 포함한다. 하지만 교회론을 제대로 알지 못했다.

교회사는 부흥의 역사이자 분쟁과 분열의 역사이기도 하다. 주님이 부르시고, 주님이 세우시고, 주님이 주인 되시는 교회에서 사람의 소리가 커질수록 분열되었다. 한국 교회 역시 다르지 않았다. 바른 신앙이란 무엇일까?

주님은 베드로의 고백 위에 음부의 권세가 이기지 못할 교회를 세우겠다고 말씀하셨다. 마가의 다락방에 모여 다시 오실 주님을 기다리던 120여 명의 사람들이 교회가 되었고, 그곳에 임한 오순절 성령으로부터 교회가 시작되었다. 그래서 교회는 건물이 아닌 신앙고백 위에 세워져야 하며, 말씀이 기준이 될 때 성장과 성숙을 향해 나아갈 수 있다.

이제 교회를 어떻게 세워야 할까? 다시 교회를 고민한다. 수많은 교회 공동체를 세운 사도 바울은 교회를 주의 몸이라고 했고, 교회의 중심은 예수 그리스도이며 말씀이어야 한다고 가르쳤다. 주의 몸이 교회였다. 예수님의 삶과 죽음과 부활을 보았던 120명의 사람들이, 재림의 주님을 기다렸던 마가의 다락방이 교회가 되었다. 그들이 기도하던 그곳, 다시 오실 주님을 기다리던 그곳이 교회였다. 그들은 서두르지 않았다. 먼저 예수 그리스도를 증거하는 삶을 살고자 했다. 교회의 태동을 넘어 구약과 신약을 잇는 교회사의 첫출발이었다.

사도행전의 기록을 보면, 소아시아의 복음 전파는 초기 사도와 그리스도인들에 의해 이루어졌다. 성령 충만한 그들은 배를 타고 낙타를 타고 산과 골짜기를 지나 복음을 전했으며, 기도가 이어지고, 가르침과 교제와 성찬을 이어 갔다. 세례를 받은 사람들은 주님의 백성으로 살겠다고 결단했다. 어떤 이는 순교하고, 어떤 이는 옥에 갇히고, 누군가는 죽었다 살아나고, 누군가는 예수 이름의 능력으로 옥문이 열리는 체험을 하고, 어떤 이는 십자가의 예수를 자랑했다.

처음 교회는 눈앞에 예수가 있는 것처럼 믿고 그리스도의 길을 따라갔다. 성령의 부으심에 따라 죄의 각성이 일어나고 회심의 역사로 이어졌다. 가치 기준이 달라졌다. 초대교회는 기독교의 모범이 되었고, 교회가 타락하고 부패할 때마다 "초

우리는 날마다
교회가 무엇인지
묻는다

대교회로 돌아가자"라고 외칠 만큼 종교개혁의 주춧돌이 되었다. 다가올 시험을 두려워하지 않았으며, 우상숭배에서 돌아설 수 있었다. 환난과 궁핍 가운데서도 영적으로 부요한 교회로 성장하고자 했고, 거짓 선지자에 현혹되기보다 주 안에서 사랑과 헌신과 인내로 굳건하기를 바랐다.

초대교회가 이렇게 살 수 있었던 것은 십자가를 경험했기 때문이었다. 부활의 소망과 기쁨, 능력을 체험하는 신앙이었다. "날마다 마음을 같이하여 성전에 모이기를 힘쓰고 집에서 떡을 떼며 기쁨과 순전한 마음으로 음식을 먹고"(행 2:46) 이 말씀처럼 완전히 새롭게 출발하는 신앙이었다.

예수를 따르는 이들의 공동체, 교회는 거창하지 않다. 교회의 기원을 알면 신자로 사는 것이 결코 명예롭고 화려한 것이 아니었음을 깨닫게 된다. "그가 찔림은 우리의 허물 때문이요 그가 상함은 우리의 죄악 때문이라 그가 징계를 받으므로 우리는 평화를 누리고 그가 채찍에 맞으므로 우리는 나음을 받았도다"(사 53:5) 그저 말씀으로 전해 내려온 구속의 은총을 믿고, 그리스도 안에서 함께 사랑의 주님을 따르는 것이다.

그러므로 교회가 세워지는 것은 사람들이 모이는 숫자 크기에 달린 것이 아니다. 영적 혼란의 때에 시대적 사명을 깨우치고, 주 예수를 믿는 믿음을 감사하며 찬양하는 그리스도인의 삶을 살아가야 한다. 우리는 십자가가 있기에 교회라고 한다. 우리는 그리스도가 우리 안에 계시기에 그리스도인이라고 불린다. 그 예수님이 우리 안에 있는가? 우리 교회 십자가의 그 예수가 있는가? 내 심령 안에 그리스도가 계시는가?

교회는 그리스도가 임재하신 곳이다. 교회는 주님의 사랑과 능력으로 예수 그리스도를 주로 고백하고 예배하는 사람들이 모이는 곳이다. 예수 그리스도가 없는 교회는 친교 단체에 불과하다. 만일 자기주장에 따라 살기 바쁘고 자기 안위만 살피고 어려움에 빠진 이웃을 소홀히 한다면, 화평이 깨어지고 존중이 사라지고 다툼이 가득할 수밖에 없다. 교회의 본질을 말할 때 예수 그리스도가 주인인지 아닌지는 중요한 지점이다.

"그뿐 아니라 더 약하게 보이는 몸의 지체가 도리어 요긴하고 우리가 몸의 덜 귀히 여기는 그것들을 더욱 귀한 것들로 입혀 주며 우리의 아름답지 못한 지체는 더욱 아름다운 것을 얻느니라 그런즉 우리의 아름다운 지체는 그럴 필요가 없느니라 오직 하나님이 몸을 고르게 하여 부족한 지체에게 귀중함을 더하사"(고전 12:22~24)

교회를 부르시고 세워 가시는 주님을 알기에 우리는 약한 지체를 도리어 요긴하게, 덜 귀히 여기는 것을 더욱 귀하게 입혀 주며, 아름답지 못한 지체가 더욱 아름다운 것을 얻게 한다. 이것이 주님이 디자인하신 교회다. 이상적인 교회는 하늘에서 떨어지는 것이 아니다. 지금도 우리는 주님이 설계하신 교회가 되려고 하며, 창조자의 의도에 가까이 가려고 애쓸 뿐이다. 하지만 예수께서 교회의 주인이 되시고 예수께서 교회

우리는 날마다
교회가 무엇인지
묻는다

를 경영하시면 우리가 좋은 교회로 세워지는 은혜를 경험할 수 있다. 교회는 그리스도의 몸 된 교회이다.

하늘과 땅을 품은 이름

하늘땅교회의 시작은 그야말로 우격다짐이었다. 목회 초기부터 교회론에 붙잡혔다. 개인 사역도 교회론을 기초로 삼고자 했다. 이러한 인도하심 역시 하나님의 은혜였다. 주변의 도움을 거부하고 온전히 하나님만을 의지하는, 맨땅에 헤딩하기식 개척이었다. 그 과정을 통해 살아 계신 하나님을 증거하길 바랐다.

서울에서의 사역을 마치고 아내와 함께 경기도 오산으로 내려왔다. 이곳에서 교회를 개척하기로 결심했다. 아내의 우려와 반대는 여전했다. 아내가 좀 지쳐 있던 시기이기도 했다. 교회가 이렇게 많은데 왜 개척해야 하냐는 것이다. 그동안 내게 반문한 적이 없던 아내였기에 교회가 무엇인지 더 깊이 고민했다. 학생 시절부터 둘도 없는 제자였던 아내의 이야기를 들을 수밖에 없었다. 서두르지 않았으며, 아내의 마음이 움직이기를 기다렸다.

백수 생활이 8개월째 접어들었다. 아무 연고 없는 경기도 오산에서 매일 쉬지 않았던 것은 아파트 놀이터에서 아이들과 함께 노는 일이 전부였다. 훗날 아파트 주민들은 마음 착한 백수, 그저 아이들을 좋아해서 함께 놀아 주는 아저씨인 줄 알았다고 한다. 그 무렵, 교회 개척에 대해 아내가 묻기 시작했다. 그중에 하나는 교회 이름에 대한 질문이었다. 조금씩 마음 문이 열리는 듯했다.

사실 처음 목사로 부임했던 교회에서 이상할 정도로 계속 이어지던 장례들을 통해 하나님이 주신 교회 이름이 있었다. 부산에서 장례를 마치고 돌아오던 길이었다. 마음속에 불평이 생겼다. 이렇게 장례 예배가 잦은 목회라면 못 하겠다고 투정을 부리려는데, 섬광처럼 '목회란 성도들로 하여금 땅에서도 하늘을 품고 지금, 여기서, 나로서 살아가도록 돕는 것이다'라는 메시지가 내 안에 일렁거렸다.

종말론적 신앙에서 말하는 그 '종말'은 삶 속에 날마다 일어나야 한다. 죽은 후에 가는 천국만으로는 신앙을 설명하기에 부족하다. 지금 여기서 천국의 삶을 살아가는 것이 균형 잡힌 신앙이다. 우리는 그동안 신앙의 균형을 놓쳤다. 열심은 있으나 깊이가 부족했다. 하나님 아버지만 중요한 것이 아니라 육신의 아버지도 잘 섬겨야 하듯이, 교회만 중요한 것이 아니라 가정도 중요하다. 날마다 살아가는 가정이 선교지여야 하는 것이다. 해외의 복음 불모지만 선교지로 여긴다면 한 이불 덮고 사는 배우자를 전도할 수 없다.

천국의 개념이 공간적으로만 이해되는 것도 살펴야 한다. 죽은 후 천국에 가면 그만이라고 배운 우리는 고난에 대해 자학만 유지한 채 주님이 주시는 고난의 의미를 덮어 놓았는지도 모른다. 진정한 고난의 의미를 알지 못했기에 계속되는 고난도 감당해야 한다는 미련함이 있었다.

이러한 연유를 나누면서 교회의 이름을 '땅에서도 하늘을 품고 사는 하늘땅교회'라고 했더니 곧바로 눈시울이 붉어지던 아내였다. 그렇게 하늘땅교회가 첫발을 떼었다. 우리 가정에서 출발한 교회였기에 주일이면 일찍 일어나 집 안 구석구석 청소를 했다. 평소 놀이터에서 놀아 주던 아이들은 우리 가정이 교회인 줄 모르고 놀러 왔다. 주일이면 아침부터 놀러 온 아이들과 함께했고, 점심을 먹고 나면 놀이터에서 함께 놀았다. 그러는 사이사이 아이들에게 찬양을 가르치고 말씀을 나누었다.

아내와의 대화가 점점 늘었다. 교회 이름 외에 장소, 주된 사역, 먹고 사는 문제까지 구체적으로 물었다. 건강한 교회에 대한 나의 소망을 익히 알고 있던 아내였기에 누구보다 지지해 주었다. 그동안 사역지를 옮기며 목회할 때마다 교회다운 교회에 대한 비전이 점점 더 커지고 있었다.

가끔 내게 교회 이름을 지어 달라거나 교회 이름을 어떻게 하는 게 좋은지 묻는 이들이 있다. 예전에는 지역명을 붙이는 게 흔했고, 대형 교회나 유명 교회의 이름 앞에 동네 이름을 붙이기도 했다. 그러다 요새는 목회 방향이나 목회 철학을 담아 짓는 경향이 늘었다. 흔히 관형어를 붙인다. 어떤 교회가 되고 싶은지 어떤 공동체를 이루고 싶은지 바람이 담겨 있다.

하늘땅교회는 그 이름대로 땅에서 하늘을 품고 지금, 여기서 살아가려고 한다. 그래서 하늘을 강조하고, 지금 살고 있는 땅을 강조한다. 말하자면 지금 살아가는 땅에서 하늘을 품는 삶을 추구하는 공동체이다. 하나님 백성으로 살아가며 하나님 나라의 가치로 살고자 하는 것이다. 언젠가 "아들아! 엄마는 땅에 농사짓고, 너는 하늘에 농사짓는 사람이 아니냐?"라고 하셨던 어머니의 말씀도 떠올렸다.

전통은 지켜 내고, 잘못된 것은 보습하여 개혁하려는 기준은 초대교회에서 비롯된다. 다시 오실 예수 그리스도의 재림을 기다리는 백성의 모임, 마가의 다락방에 임한 성령의 일하심이 교회였다. 예수를 주로 고백하는 것에서 시작되었다. 교회는 건물이 아니었고, 사람들이 많아서 시작된 것도 아니었다. 다시 오실 주님을 기다리던 사람들이 흩어지지 않고 기도하다가 오순절 성령을 경험하게 되었기 때문이다.

교회를 개척하며 우리 집에서만 모인 게 아니었다. 아이들과 함께 하늘땅농장을 운영하며 흙을 만지고, 갖가지 채소를 심고 가꾸었다. 교회 공간을 확보하기 위해 학교 체육관을 사용하려고 시도하기도 했고, 복지관 강당을 빌리려고도 했지만 쉽지 않았다. 교회가 건물에 갇히지 않으면서 장학금을 주는

우리는 날마다
교회가 무엇인지
묻는다

그뿐 아니라 더 약하게 보이는 몸의 지체가 도리어 요긴하고
우리가 몸의 덜 귀히 여기는 그것들을 더욱 귀한 것들로 입혀 주며
우리의 아름답지 못한 지체는 더욱 아름다운 것을 얻느니라
그런즉 우리의 아름다운 지체는 그럴 필요가 없느니라
오직 하나님이 몸을 고르게 하여 부족한 지체에게 귀중함을 더하사

고전 12:22~24

교회가 되고 싶었을 뿐이었다. 학교 체육관을 사용하려고 했지만 그것이 뜻대로 되지 않았다.

교회 개척 초기부터 순례하는 공동체를 지향했다. 말하자면 '소풍 목회'였다. 가정에서 예배하고, 아무도 쓰지 않는 빈 창고를 빌려 주일예배를 드리면서 장소에 연연하지 않았다. 설령 다른 창고로 옮겨야 한다면 또 옮기면 되었다. 그 어디나 하늘나라라는 믿음이었다. 땅에서 하늘을 품고 사는 것이 진정한 순례가 아닌가.

가정에서 10개월, 빈 창고에서 10개월, 상가 건물을 얻기까지 2년이 걸렸다. 돌이켜 보면 처음 10개월은 우리 가정이 먼저 세워지는 시간이었다. 아파트 단지 아이들의 놀이터이기도 해서 불편하기도 했지만, 행복했다. 늦은 밤이면 평택 벌 논두렁에서 기도하고 예배하는 것만으로도 은혜였고, 2년 동안 주일만 사용하던 창고에서도 몇몇 성도가 주의 제자로 세워졌다.

개척 초기에 고단한 삶의 문제를 가진 이들이 찾아왔다. 갈수록 더 많은 손길이 필요했지만, 그 모든 것을 감당할 힘을 주셨다. 한 사람을 온 천하보다 귀히 여기게 하셨다. 주중에는 제자 훈련을 하고, 가족 독서 교실도 운영했다. 날마다 하나님의 일하심이 명확하게 다가왔다.

무엇이든 애써 소유하려 하지 않고 소풍하듯 순례하듯 살아가는 삶이 예배가 된다면 하늘땅교회의 목표는 더욱 분명해졌다. 눈물 날 일 많은 이 땅에서 하늘을 품고 살아갈 수 있었다. 그 소망이 하늘에 있다면, 썩어 없어질 것들을 위하여 살지 않기로 결단하고 성도가 되고 교회가 되어 살아가기로 결단한다면 두려울 것이 없었다.

지금도 교회 자동차에 주유하거나 주차를 할 때면 차에 붙은 하늘땅교회 이름을 보며 그 의미에 대해 궁금해하는 이들이 있다. 그 의미를 들려주면 눈시울을 붉히며 신자임을 고백하기도 한다. 교회 이름에 담긴 하늘의 비밀은 우리의 신앙을 새롭게 바라보게 했고, 습관적인 신앙에서 벗어나 하나님 나라를 소유한 백성으로 세워지게 했다.

가족 같은 교회,
교회 같은 가정

20여 년 교회 사역의 결론은 가정 회복이 우선이라는 것이다. 목회의 목적이라고 해도 과언이 아니다. 하지만 한 사람의 인생길을 주님께로 방향 전환시키는 일은 쉬운 일이 아니었다. 그야말로 주님을 알고 새 삶으로 새 소망을 갖는 과정을 목격하는 것만으로 신비롭고 행복한 경험이었다. 그만큼 한 영혼이 예수 그리스도를 주님으로 고백하면서 새사람이 되는 일은 목회의 기쁨이자 영광이었다.

먼저 믿은 우리의 사명은 생명의 길을 내는 일이다. 그 사명을 위해 모인 공동체가 교회이기도 하다. 왜 그렇게 어려운 일에 동참하려고 하는가? 때로는 시비에 걸리기도 하고 억울한 일을 당하고 오해도 받으면서 기꺼이 최전방에 서 있는 것은 새로운 길이 이어져야 하고, 그래야 그 길로 누구든지 걸어올 수 있기 때문이다.

길을 내는 지점에 우리가 있어야 믿지 않던 가정에 길이 생긴다. 믿지 않던 가정에서 아브라함을 불러내신 하나님을 생각해 보자. 그 아버지 데라는 우상을 만들어 팔던 자였다(수 24:2). 그러나 부름받은 아브라함 한 사람을 통해 그 가문이 세워지고 이스라엘이 하나님의 구원을 누릴 수 있었다. 믿음은 축복이며, 부르심의 사명이 뒤따른다. 교회 역시 한 사람의 믿음이 그 가정과 가문이 세워지는 일로 사역이 완성된다.

한 사람의 성도를 만나면 교회 오지 않는 그의 가족 다섯을 위해 기도한다. 시부모님, 친정 부모님, 형제, 자매, 자녀까지 한 영혼 한 가정이 세워지기를 기도한다. 총동원주일은 없지만 작은 음악회, 야외 예배 등으로 문턱을 낮추어 낯가림 없이 교회에 올 수 있도록 했다. 남편을 한 번이라도 교회에 오게 하려는 성도들은 그날을 좋은 기회로 활용한다. 교회에 처음 온 성도가 대부분인 우리 교회는 부모님, 그리고 남편이 돌아오는 가정이 늘고 있다.

초대교회의 전도는 가정에서 가장 활발하게 이루어졌다. 당시 가정은 혈연뿐만 아니라 친구, 노예, 손님 등이 함께 식사하고 친교를 주고받을 수 있는 공간이었다. 우리가 잘 아는 것처럼 유럽 최초의 교회는 빌립보 루디아의 가정이었다(행 16:15). 고린도에는 아가야 지역 선교의 첫 열매가 된 스데바나의 가정이 있었다(고전 16:15). 그런가 하면 베드로가 설교할 때 고넬료의 가정도 예수를 믿게 되었다(행 10:44~46). 날마다 믿는 자의 수가 더해지는 역사는 가정에서 시작되었다. 먼저 믿은 한 사람의 변화가 가족 전체로 전해진 것이다.

사도행전의 대전제는 2장 21절, "누구든지 주의 이름을 부르는 자는 구원을 받으리라"는 것이다. 옥에 갇힌 바울과 실라가 한밤중에 찬송을 하니 문이 열리고, 이를 지켜본 간수는 놀라게 된다. 그는 어떻게 해야 구원을 얻을 수 있냐고 묻는다. 이에 바울이 "주 예수를 믿으라 그리하면 너와 네 집이 구원을 받으리라"(행 16:31)라고 했고, 간수의 가정에 구원이 임했다. 이렇듯 하나님은 계속해서 가정 구원에 관심을 가지신다.

우리 주변의 많은 가정이 무너졌고, 무너지고 있다. 가정을 세우는 일이 가장 시급한 사역이 되고 말았다. 예수를 믿고 교회 활동을 많이 하는 것이 한편의 교회 부흥은 맞지만, 정작 가정에서 가족을 소홀히 하지 않았는지 돌아보아야 한다. 이것이 코로나 시국이 준 교훈이었다. 가장 소중한 것이 무엇인지 묻게 되었고, 다 얻었다고 해도 소중한 것을 잃으면 아무 소용이 없다는 진실이 실제로 다가왔다.

우선 가정과 교회의 분리를 극복해야 한다. 삶에서 신앙이 균형을 이룰 때 열매가 있다. 삶의 균형은 신앙의 실제이며, 삶의 자리에서 선교적 삶이 이루어져야 한다. 우리는 가정에서도 부름받은 선교사로 살아야 한다. 그래서 교회가 가족 같고 가정이 교회 같아야 한다.

교회가 개척되고 처음 예수님을 인격적으로 만나 변화된 성도들이 있다. 그들은 구원의 기쁨을 알기에 으레 가족을 전도하고 싶어 한다. 이 사역을 위해 가족의 이름을 적어 게시판 '사랑 심는 나무'에 붙이도록 했다. 교회는 그 영혼을 위해 눈이 오나 비가 오나 기도한다. 다만 서둘러 전도하려고 하기보다 먼저 함께하려고 한다. 그리고 기도하면서 때가 이르면 복음을 전할 것이다.

수요은혜예배를 드리던 중에 있었던 일이다. 예배를 처음 드리는 젊은 부부가 있었다. 아내가 얼마나 우는지 내 설교가 명설교인 줄 알았다. 그런데 이게 웬일인가. 친정아버지가 뇌출혈로 쓰러져 중환자실에서 사경을 헤매고 있었다. 수원에서 사는 그녀는 평소 오산에 살던 친정 부모님을 전도하고 싶었는데, 이런 상황에 놓이고 만 것이다. 다급한 마음에 무작정 주변 교회를 검색하다가 우리 교회를 찾은 것이다.

그날부터 그녀의 친정아버지를 위해 작정 기도를 하고, 매일 병원으로 심방을 갔다. 한 달이 지나며 친정어머니와도 이런저런 교제가 이루어질 즈음, 아버지 의식이 돌아오는 기적이 일어났다. 그렇게 하나님의 은혜를 경험한 그 가정은 친정 아버지가 퇴원한 그 주일부터 교회에 출석했다. 도저히 믿어지지 않는 일이 이루어지자 가족 중 한두 명이 부모님과 함께 교회를 나오기 시작했다.

친정아버지의 기적이 노인정에 알려지자 이단에 빠졌다는 소문이 돌았다. 그래도 나는 매일같이 노인정을 방문하여 섬기기를 멈추지 않았다. 그러던 어느 날 노인정 어르신이 모두 교회를 다니고 싶다고 하지 않겠는가. 제사가 있고, 술을 마시고, 장남이라서 주저한다는 몇몇 어르신에게는 그런 분이 교회 오는 거라고 자신 있게 말했더니 곧바로 순종하셨다. 노인정 어르신 모두 교회를 출석하는 이변이 일어났던 것이다. 그날부터 어르신들을 모실 차량을 위해 기도하고 식사 준비를 하게 되었다.

내게 하늘땅교회는 '가정 교회' 하냐고 묻는 분들이 있다. 우리 교회 공동체는 가정 교회가 아니라 가정 교회 정신으로 가족같이 되려고 몸부림치는 교회이다. 우리가 만나는 모든 사람은 고향을 떠나온 사람들이며 그들이 모인 곳이 교회이고 도시이다. 한 사람 한 사람이 교회를 통해 혈연을 넘어 진심으로 가족이 되어 가는 것은 큰 의미가 있다.

내 인생에서 가장 잘한 일은 하나님의 부르심을 따라 예수님을 믿은 것과 교회를 개척한 일이다. 진정한 가족을 만나고 세워 가는 사역이 하나님 나라를 이 땅에 실현하고 확장하는 일이었다. 그 신비가 무엇인지 알아 가고 있다. 교회는 많은 일을 하기보다 한 성도의 가정 회복을 가장 먼저 시작해야 한다. 눈에 보기에 좋은 허례허식 신앙 말고 가장 사랑해야 할 가까운 이웃은 가족임을 잊지 말아야 한다.

왜 주일이
축제여야 하는가

교회가 어디에 세워졌는지는 중요하다. 교회 위치에 따라 목회 적용점이 다르다. 하늘땅교회는 우리나라에서 가장 젊은 도시, 가장 작은 도시에 세워졌다. 옛 오산은 말에게 물을 먹이고 지나치던 지역이었다. 막상 이사 오니 오산은 젊은 맞벌이 부부도 많고, 불화가 있는 가정도 여럿이었다. 형편에 따라 더 큰 도시에서 밀려났거나 먹고 살기 위해 머물긴 해도 언제든지 떠나고 싶어 했다.

매년 연말이면 교회를 떠나는 가정을 위해 모이곤 했다. 헤어짐은 섭섭한 법이어서 이렇게 계속 떠나보내야만 하는지 의문이 생기곤 했다. 떠나면 그만이라지만 보내는 마음은 아쉬움이 가득했다. 이를 어떻게 극복할 수 있을까. 지혜를 간구했다.

우리의 말은 생각을 내면화하여 완성한다. 그때부터 '오산은 생명이 흘러나오는 곳'이라며 신앙의 의식화를 시작했다.

우리는 날마다
교회가 무엇인지
묻는다

대한민국의 중심은 중부지방이고, 그 배꼽이 오산이지 않냐고
했다. 배꼽이 산모와 아이의 생명 줄인 것처럼 오산이 대한민
국의 배꼽이며, 이곳에서 생명의 복음이 전 세계로 흘러갈 것
이라고 했다. 지금도 그렇게 외치고 있다.

그러자 성도들이 언젠가부터 떠날 오산이 아니라 새 생명
을 얻는 배꼽 같은 오산이라고 인식하기 시작했다. 이방인처
럼 곧 떠날 듯이 월세 집을 살던 한 성도는 정착하겠다며 집을
매입하기도 했다. 발에서 신을 벗어 거룩한 땅이 되게 하려는
이들이 늘어났다(출 3:5).

이제 교회는 무엇을 해야 할까? 주일마다 축제가 되는 예배
를 드리기로 했다. 대도시에서 밀려나 고단한 삶을 이어 가는
사람들에게 고향에 온 듯 푸근한 교회가 되길 바랐다. "사람들
사이에 섬이 있다. 그 섬에 가고 싶다"라는 정현종 시인의 시
구처럼 우리 사이에도 섬 같은 벽이 있다. 그 섬에 다리를 놓
는 일을 교회가 해야 하는 것이 아닐까? 서로 다가가지 못해
생긴 그 섬에 가고 싶게 하는 것이 교회라고 생각했다.

그런가 하면 목회는 이은무 시인의 시 〈외등〉의 한 구절처
럼 하고 싶었다. "인적이 드문 뒷골목 같은데 나, 외등이었으
면 외등이었으면 위대한 도시 거대한 껍데기 속에서 착하디착
한 이웃들이 지치고 늦어 돌아들 오는 그런 외지고 어둔 길목
에 나, 외등이었으면 외등이었으면" 하는 바람이 있었다.

교회로서 사람을 이해하는 일이 참 중요하다. 세상을 이해

하는 것은 곧 사람을 이해하기 위한 노력이다. 어디 하나 마음 기댈 곳 없어 방황하는 인간들의 허기진 외로움을 교회가 알고, 예수 그리스도의 사랑을 나누고, 함께하는 사랑의 공동체가 교회임을 전해야 한다.

매 주일 말씀을 선포하기 전에 두 손을 내밀며 사랑의 인사를 나눈다. "당신의 장점을 좋아하지만 단점까지 사랑합니다." 저마다 세상에서 치열하게 살다가 주일에 주님 앞에 선 성도들, 수많은 평가에 시달리느라 지친 영혼들을 교회라도 고향처럼 부모처럼 품어 주어야 하지 않을까?

개척 초기, 가정에서 교회를 시작할 때는 일찍 오는 아이들로 인해 주일 오전 10시 30분에 축제예배를 시작했다. 빈 창고에서 주일을 지키던 때는 11시였고, 상가 건물을 얻느라 전전긍긍하면서 11시 30분에 드리기도 했다. 지금은 지역성을 고려하여 9시 30분과 11시에 두 번 예배를 드린다.

한국 교회는 120여 년 동안 시대정신과 함께 성장 부흥했다. 민초의 아픔을 고스란히 담아내며 함께하였기에 그들의 한(恨)이 고스란히 교회 안에 머물렀다. 그래서 교회마다 어둡고 무거우며, 영광과 부활의 아침이기보다 십자가와 고난의 주일을 맞이하는 편이 많았다. 그에 따라 예배 형태와 신학적 배경은 계속해서 변화되거나 세속화되면서 또 다른 형태를 가지기도 했다.

에스더서를 보면, 에스더가 페르시아의 포로에서 왕후가 되기까지 아하수에로 왕을 위해 얼마나 많은 잔치가 열렸는지 알 수 있다. 위기의 순간에도 왕의 마음을 얻고자 잔치를 열었다. 결국 왕의 마음을 얻은 에스더는 하만의 흉계를 저지하고 이스라엘을 구한다. 이 같은 축제, 잔치의 위대함을 우리는 매주일 경험한다. 고통과 괴로움을 안고 예배에 나오지만 축제 예배를 통해 다시 살아나는 경험을 한다. 그래서 주일마다 축제, 또 축제다.

시대와 지역성은 언제나 변동될 여지가 있다. 이것은 복음이 아니다. 많은 성도가 예배 이름부터 시간까지 공동체의 약속에 의해 지켜지는 것임을 모르기에, 공예배라는 개념조차 자기 마음대로 옮겨 달라고 하곤 한다. 또 왜 그렇게 하냐고 반문하는 이들도 있다. 이전에 다니던 교회와 비교하면서 말이다. 하지만 그것은 복음이 아니다. 그냥 가변적인 문화에 불과하다.

교회가 개척되어 세상 가운데 존재하기까지는 수많은 과정이 필요하며, 공동체 구성원들 사이에 성숙한 약속이 필요하다. 자발적인 신앙과 책임 의식을 가지고 하나님 나라를 함께 이루어 가는 성숙이 필요하다. 그 속에서 축제 같은 주일예배가 드려지길 소망한다. 주께서 사망 권세 깨뜨리고 승리하신 날이다. 얼마든지 예배는 천국을 맛보는 축제일 수 있다.

공동 목회,
초대교회를 본받다

대형 교회에서 사역하며 고민했던 한 가지가 교회론이고,
또 다른 한 가지는 목회 구조였다. 교회가 대형화되면서 세대
별로 서로 다른 예배를 드리게 된 것이 한국 교회의 현실이다.
한 건물 안에 들어가서 각각 부서 예배를 드리게 되는 것이 사
실이다. 아버지는 주차 봉사, 누나는 성가대 봉사, 어머니는 주
방 봉사, 나는 어린이예배로 각자 다른 예배를 드리고 나면 저
녁에 나눌 이야기가 없다. 주일에 함께한 경험이 없기 때문이
다. 교회가 회사처럼 '부서' 개념으로 구조화되는 것은 이상하
다. 책임자도 '부장' '팀장' 같은 호칭으로 불린다. 한때 왜 교회
에 회사 개념이 들어와 있는지 의아했었다.

실제로 초대교회는 가정에서 시작되었다. 가정을 교회라
고 불렀다. 그곳에 지역 이름을 붙여서 고린도교회, 데살로니
가교회, 빌립보교회 등으로 불렀다. 교회는 계속해서 옆으로,
가정을 배가하는 방식으로 성장했다. 우리는 우리 자신이 교
회라는 믿음으로 산다. 그러나 교회가 건물 안에 갇히면서 결
국 예수 그리스도를 주로 고백하는 한 성도가 교회라는 의미
를 잃어 갔다. 교회의 성장이나 부흥을 눈에 보이는 건물이나,
성도의 숫자로 평가하려고 한다.

물론 수도원 운동, 종교개혁 운동 등 계속해서 교회는 자정을 위해 노력했으며, 본래의 교회를 회복하려고 했다. 그중 하나가 독일의 경건주의 운동이다. 종교개혁 이후 약 2세기 동안 황폐화된 교회의 회복과 갱신을 위해 소그룹 운동이 시작되었고, 독일의 경건주의 운동과 영국의 퀘이커교 등이 등장한다.

경건주의 운동은 '교회 속 작은 교회 운동'이었다. 야콥 슈페너(Philip Jakob Spener)는 교회를 소위 오늘날의 부서 개념으로 보지 않았다. 교회 안에 있는 모든 것은 또 하나의 작은 교회였다. 이것은 존 웨슬리(John Wesley)의 밴드 목회로 이어졌다. 일명 '반회' '속회'라고 불렸는데, 이 또한 구역 개념의 관리 시스템이 아니라 유기체적인 공동체 안에서 생명이 계속해서 배가하는 모임이었다.

교회에 대한 이해가 새로워지면 목회 구조 역시 얼마든지 전통적인 구조에서 벗어날 수 있다. 수직적인 관계로 이루어진 전통 목회 구조는 담임목사, 부목사, 전도사로 구성된다. 그 안에서 부교역자는 역할에 따라 심방, 선교, 관리, 기획 등을 수행한다. 이런 수직 구조를 극복하고자 한때는 팀 목회라는 말이 유행하기도 했다.

하지만 이것도 기존의 목회 구조를 그대로 유지한 채 이루어졌다. 수직적 관계에서 크게 벗어나지 못했다. 수직적이라는 것은 명령과 복종에 의해서 움직이는 관계다. 이렇게 된 것에는 담임목사가 부목사를 소위 종으로 여기려는 문화도 한 못 했을 것이다. 대부분 인격적인 동역자로 여기지만 말이다.

공동 목회는 우리가 다 똑같은 하나님의 종이라는 사실에서 시작된다. 누구에게 예속되지 않는, 하나님 앞에서 다 같은 종이기 때문이다. 수평적으로 은사에 따라 사역을 나눌 수 있다면 얼마나 좋을까. 누구나 자신이 좋아하는 일을 잘한다. 가장 잘할 수 있는 일을 믿고 맡길 수 있다면 얼마나 좋을까. 더욱 책임 있게 목회를 할 뿐만 아니라 주도적으로 할 것이다.

하늘땅교회가 공동 목회를 하면서 얻는 유익은 크다. 모두 주도적으로 책임감 있게 목회를 하니 교회를 두루 살필 수 있다. 그 결과 새로운 개척으로의 부르심을 경험한다. 지금까지 공동 목회를 하면서 세 곳에 교회가 세워졌다. 무엇보다 함께하는 동역자들이 교회가 무엇인지를 알게 된 그 마음을 개척으로 옮긴다. 매년 스승의 주일에는 동역자들이 모이는데, 함께했던 목회 경험이 뼈가 되고 살이 되었다는 말을 듣는다. 노회에 참석할 때면 몇몇 목회자들이 하늘땅교회가 목회 사관학교냐고 묻기도 한다. 이곳에서 함께한 동역자들이 책임 있게 사역하는 모습이 귀해서 하는 이야기이다.

성경은 우리의 관계가 동역이며 서로 명령이 아닌 순종함으로 교회를 이루어 가는 모습을 보여 준다. 열두 사도와 일곱 집사, 바울과 바나바, 실라, 디모데, 디도 등 많은 부분에서 공동 목회 정신을 찾을 수 있다.

물론 모든 공동 목회가 성공하는 것은 아니다. 좋은 취지로 시작해도 깨지는 경우가 많다. 공동 목회는 함께 기도하는 수고를 아끼지 말아야 한다. 함께 발을 맞추어 가는 조율이 없이는 불가능하다. 경쟁이 없어야 하고 서로 비교하려 하지 말아야 한다. 성도들만 공동체를 배우는 것이 아니라 공동체 목회를 꿈꾸는 사역자들 역시 배우고 본을 보여야 한다.

매년 상하반기에 한 번씩 목회 팀이 교회 식사를 준비하여 나눈다. '1년 두 번 살기'를 권장하는 하늘땅교회는 1월과 7월, 두 번의 공동 회의를 한다. 투명한 운영과 재정 사용, 변화에 따른 사역 조정과 직분자 세움 등을 논의한다. 그때마다 목회 팀은 식사를 준비하여 성도들에게 섬김의 본을 보이려고 한다. 교회 안에 작은 교회인 청년교회, 청소년교회, 마리아교회, 바울교회, 실버교회, 호산나교회도 상하반기 한 번씩 돌아가면서 식사 당번을 한다.

공동 목회는 더 많은 성숙을 요구한다. 생소하고 낯설어 처음에는 이해하기 어려울 수도 있다. 그동안 시키는 대로 하는 일에 익숙했던 사역을 스스로 알아서 해야 한다. 서로 동등한 입장에서 정보를 주고받고, 도울 사역이 어느 교회에 있는지를 나누는 회의는 그동안 우리가 경험해 보지 못한 방식이다.

하지만 시간이 지나면 모두 공동 목회의 정신을 알고 주체적으로 사역하며, 성도들도 자발적으로 끝까지 부르신 하나님께 순종함으로 이루어 가는 성숙한 공동체가 되길 바란다. 주님의 몸 된 교회가 서로 동역하며 서로를 인정하고 세워 가는 공동 목회, 온 성도가 함께 하는 공동 목회다.

목회는
소풍

목회자라면 누구나 그랬겠지만 사역이 너무 빡빡했다. 부교역자 시절에는 새벽에 나왔다가 자정 지나 집으로 돌아가는 일이 잦았다. 성도를 돌봐야 한다는 중압감이 컸고, 목회자의 부르심에 집중한 나머지 자신을 돌보지 못했다. 선배들이 그랬고 담임목사님께서 그랬다. 그러다 결국 번아웃되면 사역지를 내려놓는 일이 생기기도 한다.

개척하면 꼭 소풍 가는 목회를 하겠다고 생각했다. 목회라는 이름 아래 나 자신이 채워지지 않아 소진되는 일은 겪지 않으려는 것이다. 내가 행복하지 않은데 누구에게 무엇을 줄 수 있을까. 목회가 피곤하고 힘든데 성도들에게 진심을 다해 사랑한다고 말할 수 있을까. 누군가 찾아오면 마음을 다해 들어주고 이야기 나누고 싶었다. 내가 바빠서 여기저기 분주히 뛰어다니는 목회는 하지 않으려고 했다. 사람과 사람으로서 한 영혼을 바라보는 일을 하리라 마음먹었다.

매일 아침 교회에서 아침 묵상, 신학 공부, 성경 읽기를 한다. 설교 준비는 금요일까지 마쳐 놓으려고 한다. 가정 목회를 하는 우리에게 토요일은 주일을 온전히 준비하는 시간이다. 할 수만 있으면 교회 나오지 않고 가족과 함께 화목한 시간을 갖는 것이 목표다. 그러다 보니 목회자도 출근하지 않는다. 목회자가 채워져야 나눌 수 있다. 우리의 행복이 거기에 있다는 것을 성도들도 알고 있다.

오래전 타 종교 연구 과제가 있어 길상사의 법정 스님을 만나 인터뷰한 적이 있다. 요즘 스님의 외부 활동이 뜸한데 어디 편찮으신지 여쭈었다. 그러자 이렇게 이야기하셨다. "새로운 것이 내게 있어야 나오지요." 나는 깜짝 놀랐다. 깊은 묵상이나 말씀 준비가 부족해서 그런지 우리의 설교는 대개 본문에 따라 비슷비슷하다. 같은 본문을 같은 관점으로 보는 데 길들여져 있다는 말이다. 굳이 새로움을 추구할 필요가 없을 수도 있지만 매일 듣는 성도들은 그렇지 않다.

아침마다 다른 일을 제쳐 두고, 읽고 쓰고 묵상하고 설교를 준비하는 일로 보낸다. 동역하는 사역자들 모두 그렇다. 처음 우리 교회에 부임하면 이런 시간을 어색해한다. 늘 바빠야 하는 것이 목회자인데, 책상에 앉아 말씀 읽을 시간을 허락해 준다는 것이 낯선 일이기 때문이다.

도농 지역에 세워진 교회이기에 논밭으로, 공장으로, 가정으로, 학교로, 사역하고 돌봐야 할 영역이 광범위하다. 또한 오산은 평택, 화성, 용인에 둘러싸여 있어 성도들의 주거지도 다양하다. 그럼에도 목회자 스스로를 사랑하는 일부터 하는 것이 목회라고 생각했다. 종종 "목사님은 어떻게 재밌게 목회를 해?"라는 질문을 듣는다. 여유 때문이다. 일이 없어서가 아니다. 여유는 내면이 하나님의 평강으로 가득 찰 때 누릴 수 있다. 일과가 바빠도 여유 있는 사람이 있다. 그는 늘 하나님과의 시간을 외면하지 않는다. 현대인은 모두 바쁘다. 마치 일 중독자 같다. 그런 이들에게 삶에서 정말 중요한 것이 무엇인지 물어야 한다.

하늘땅교회를 시작하면서 오랜 시간을 들여 정립한 것 중에 하나가 소풍 목회이다. 나그네처럼 소풍 가듯 목회하고 싶었다. 바쁜 교인들을 더 바쁘게 다그치고 싶지 않았다. 당장 나만 해도 사색하고 글을 쓰고 읽는 것이 목회이기에 많은 매체에 글을 써야 한다. 여기저기 목회 이야기를 나눠 달라는 곳에서 설교하고, 교회를 다시 세워야 할 곳에서 강의하거나 부흥회를 인도하느라 바쁘다. 그러나 소풍 목회는 모든 것을 넉넉히 감당한다.

개척 때부터 매월 표를 만들어 성도들과 나누는데, 그 안에는 소위 심방이라고 부르는 하늘땅교회식 '소풍'이 들어 있다. 다음 달 내용을 마지막 주일 주보에 넣어 전 교인과 공유한다. 성도들이 함께 목회자의 걸음에 대해 기도할 수 있고, 한 몸 된 지체들에게 무슨 일이 있는지 알고 기도할 수 있다. 바쁜 목회를 배웠더라도 나그네 삶을 사는 지금은 바쁠 것이 없다. 목회자로 살아서 외향적으로 보이나 여전히 내향적이며, 말하는

우리는 날마다
교회가 무엇인지
묻는다

것보다 생각을 나누는 것을 좋아한다. 이끄는 자리에 있지만 부교역자로서 공동 목회를 한다 해도 좋다.

물론 소풍 목회는 틀 안에 있지 않다. 그때그때 기회가 주어지면 소풍을 간다. 평상시에도 청바지 차림으로 성도의 가정이나 사업장을 찾는다. 목사라고 해서 정장 차림에 넥타이를 매야 하는 것이 아니니 얽매이지 않는다. 성도들이 부담 갖지 않는 편이 낫다. 그렇다고 해야 할 일을 대충 한다는 의미는 아니다. 주님이 주신 최고의 영성은 자유함이기 때문이다.

예수 그리스도 안에서 자유는 속박이 아니다. 그러니 자유하면서 목회하는 것은 내겐 행복일 수밖에 없다. 아내와 종종 삶을 나눌 때면 우리가 잘한 것 중에 하나가 개척이라고 한다. 일단 가정이 살아났다. 아내와의 깊은 대화가 살아나서 좋다. 코로나 기간에 이야기를 참 많이 나눴다. 가정이 천국이 되었다. 다른 목회자 부부가 상담하러 오면 아내는 사모님을 배려하라고 권면한다. 사모의 마음이 열릴 때까지 기다렸다가 개척해도 늦지 않는다는 말이다. 목회자 부부가 서로 대화 없이 개척한 경우 가정의 어려움을 겪곤 했다.

무엇보다 자기 걸음으로 목회의 길을 걸어야 한다. 주님이 각자에게 주신 몫이 다르다. 비교하지 말고 내게 주어진 목회를 가꾸자. 일평생 목회를 했는데 행복하지 않다면 그보다 불행한 일이 어디 있을까. 많은 사람을 주께로 인도하고도 자신은 버림받을까 두려워했던 바울의 마음을 이해한다면, 다른 사람을 행복하게 하면서 자신이 불행하다는 게 말이 되는가. 지금도 내게 목회는 소풍이다. 목회는 천국으로의 소풍이다. 땅에서 하늘을 품고 살아가는 소풍을 지금, 여기서, 나부터 누리며 살아가는 것이 진정한 믿음이 아닐까.

전 세대가
함께하는 예배

교회가 어떻게 성장할 수 있는지 물으면, 공동체가 어떤 이야기를 하고 있는지를 점검하라고 권면한다. 흔히 돈이 없고, 사람과 건물이 없어서 교회 개척이 어렵다고 한다. 아무리 그것이 중요하더라도 먼저 어떤 공동체 이야기를 써 가려고 하는지를 교회 개척에 앞서 준비해야 한다.

교회는 공동체이다. 공동체로 번역되는 'community'는 '함께'를 뜻하는 'com'과 '선물'을 뜻하는 'munus'가 합쳐진 말이다. 공동체란 서로가 서로에게 선물이 되어 준다는 의미가 있다. 한마디로 함께 먹고 마시는 식구 공동체이다. 가족이라는 단어보다 식구라는 단어를 더 의미 있게 생각하는 것은 우리의 정서와 맞기도 하고, 식구라는 말에 '함께 밥을 먹다'라는 의미가 있기 때문이다.

왜 초대교회처럼 못 하는가? 이는 모든 교회의 고민이다.

시대의 변화 때문에 그렇게 될 수 없다고 말할 수 있다. 그러나 1세기 초대교회의 상황을 오늘날과 비교하면 유사점도 많다. 다문화, 다언어, 다종교라는 점에서 그러하다. 그들은 나그네로 살았고 때로는 믿음을 표방할 수 없는 은둔자로 살았지만, 그 삶은 세상과 비교할 수 없는 특별한 데가 있었다.

"믿는 사람이 다 함께 있어 모든 물건을 서로 통용하고 또 재산과 소유를 팔아 각 사람의 필요를 따라 나눠 주며 날마다 마음을 같이하여 성전에 모이기를 힘쓰고 집에서 떡을 떼며 기쁨과 순전한 마음으로 음식을 먹고 하나님을 찬미하며 또 온 백성에게 칭송을 받으니 주께서 구원 받는 사람을 날마다 더하게 하시니라"(행 2:44~47)

놀랍다. 한 번이라면 어쩌다가 그럴 수 있다지만 날마다 그렇게 살았다는 것은 위대한 일이다. 사람의 힘으로 할 수 있는 일이 아니며, 자기가 속해 있는 공동체에 대한 절대적인 신뢰와 감사가 아니면 불가능하다. 그런데 그들은 그렇게 한 것이다.

굳이 교회라는 말이 있음에도 불구하고 신앙 공동체라고 하는 것은 교회가 가족, 식구, 공동체였다는 것이 세상과 다른 의미로 다가오는 자기 규정이었기 때문이다. 우리 아이들에게 이러한 교회의 의미를 가르치고 물려줄 수 있을지를 늘 고민하면서 개척하게 되었다. 서로 다른 예배를 드리는 대형 교회의 문제점을 보면서 한 말씀, 한 소망, 한 성령 안에 머무는 방법이 한곳에서 드리는 예배이며, 그 안에서 수없이 쏟아지는 이야기임을 알았다.

그러한 이야기는 성도들 가운데 흐르는 고백의 언어와 정서적 교감으로 깊어진다. 언젠가 성도들에게 교회에 새로 온 지 얼마 안 된 돌 지난 아이의 이름을 부르며 아는 사람은 손들어 보라고 했다. 몇몇 성도들 외에 알지 못했다. 나는 하늘땅교회를 이루는 데 돌 지난 아이가 얼마나 소중한지 전해야 했다. 그날 새로 등록한 지 얼마 안 된 성도로부터 온 문자 메시지에는 '목사님이 걸어가는 길에 공감하며 응원한다'는 이야기가 있어 얼마나 기뻤는지 모른다.

하늘땅교회는 매월 마지막 주에 공동체 연합 예배를 드린다. 아이들이 찬양을 인도하고 대표기도도 한다. 자발적으로 간증도 하고, 기도 제목 요청을 하는 순서도 있다. 이 과정을 통해 성도들은 성장하는 아이들을 부모로서 공감하는 기쁨을 누린다. 교회가 무엇인지 알았다는 아이들의 고백을 듣는 순간 우리 모두 박수를 치며 놀라곤 한다.

공동체 연합 예배가 있는 주일에는 식사 후 진행하는 소그룹 모임이 없다. 대신 자연 속으로 소풍을 간다. 이때 믿지 않는 남편들을 초대하고 이웃을 초대한다. 그동안 지친 성도들을 격려하는 작은 음악회를 준비하기도 한다. 남편 초대가 여의치 않을 경우, 예배 후에는 가정에서 남편과 함께하라고 권면한다.

우리는 날마다
교회가 무엇인지
묻는다

공동체 연합 예배는 교회가 하나 됨을 배우는 시간이었다. 어린아이 한 명 한 명 서로 축복하며 교회가 어떻게 세워져 가는지를 몸으로 느끼게 되었다. 일반 예배와는 달리 교회 담장을 낮출 수 있었다. 아이들이 주체적인 예배자로서 땅에서도 하늘을 품고 사는 기쁨으로 살아가기를 기도한다.

아이와 부모, 남녀노소가 한 자리에서 예배한다. 핵가족 시대를 지나 일인 가구 시대인 지금 예수의 보혈로 교회의 한 가족이 된다는 것이 얼마나 아름다운 일인가. 로버트 뱅크스(Robert Banks)와 줄리아 뱅크스(Julia Banks)가 쓴 책『교회 또 하나의 가족』이라는 제목이 마음에 와닿는다.

교회에서 '모두 가족'이라는 말보다 더 좋은 것이 있을까. 교회는 그런 곳이다. 가족을 잃어버린 시대에 교회 공간에서 이루어지는 수많은 이야기들이 더욱 소중하다. 아이들의 재롱을 보고 기뻐하는 할아버지 할머니, 아이들의 간증을 들으며 신앙의 자람을 보는 부모들, 하나님 앞에 특송하는 어르신들을 보며 기뻐하는 다음 세대, 아이들이 식사 봉사하는 주일에는 이름을 불러 주면 반찬을 더 드릴 것이라고 넉살 피우는 목사 때문에 일부러 아이들 이름을 불러 주는 성도들. 이렇게 한 존재로 소중히 여기며 서로 온 마음을 다해 애정을 가지고 지그시 바라보는 것만으로도 행복한 주일이다. 결국 교회가 무엇인지를 보고 배우는 시간이 공동체 연합 예배다.

한 가족이 되는
세례

교회마다 1년에 몇 차례 세례식을 진행한다. 부활절, 추수 감사절, 성탄절이 대표적이다. 하늘땅교회는 절기를 앞두고 세례 신청자를 받아 교육 후 세례식을 한다. 세례식을 행할 때마다 숙연해지고 새로운 다짐이 생긴다. 또 성도들이 다시 태어나는 한 영혼을 위해 박수할 때면, 함께 기도하고 기뻐하는 공동체가 있다는 것이 좋다.

지난날 세례식을 할 때마다 아쉬운 점이 있었다. 그저 행사로 그치는 것이 그랬고, 준비되지 않았는데 끼워 맞추기식으로 받는 것 같아서 아쉬웠다. 개척하면 본래의 세례를 회복하겠다는 마음으로 한동안 공부한 적이 있다.

세례는 큰 의미가 있다. 세례 과정을 통해 이방인이 한 가족이 되는 것이기에 환대 중 가장 큰 환대이다. 본래 유대적 배경 속에서 이방인은 하나님의 백성이 되는 게 불가능한 존재들이었다. 유대인에게 있어 죄를 용서받고 공동체의 지체 자격을 얻으려면, 성전 제의나 율법 준수 외에는 방법이 없었다. 신약에 등장하는 직업 중 세리와 창녀는 믿음의 공동체로 돌아가거나 들어갈 방법이 없었다. 예수님은 그런 이들을 찾아가 함께 식사하셨다. 그러니 바리새인들이 예수님을 힐난하는 것은 당연하다. 어떻게 자격이 없는 자들과 식사를 하냐는 것이다. 하지만 예수님은 그들을 믿음의 공동체로 불러 모으는 사역을 하셨다.

초대교회에는 '하나님을 경외하는 자들'이라고 불리는 사람들이 있었다. 이들은 상당수가 부유했고, 가정 교회를 세워 가는 데 일조했다. 이들은 회당을 지키며 자기 역할을 하던 자들이었다. 회당은 '모세의 할례'라는 기준을 충족해야 했고, 자신들이 속한 집단의 일원이 되기 위해 자격을 갖추어야 했다. 세례가 그 자격을 얻는 것이었다. 세례는 당시 행하던 외적 행위가 아니라 자신의 삶을 드리는 중요한 과정이었다.

예수 그리스도로 인하여 죽고 다시 태어남을 고백하는 세례식은 말 그대로 물에 잠겨 이전의 죄는 주의 보혈로 씻겨지고 다시 태어나는 것이다. 초대교인들에게는 정확한 세례의 기준이 있었다. 『초대교회의 예배와 전도』를 쓴 알렌 크라이더(Alan Kreider)는 책에서 초대교회의 세례를 소개한다. 세례 문답 교육은 한두 번에 그치지 않았으며, 교육만큼 회심에 대한 검증이 철저했다. 기독교가 공인되기 이전까지를 가장 이상적인 교회로 보는 이유는 철저하게 회심자에게만 세례를 베푼 것도 한몫을 한다.

오순절 다락방에 모였던 신도는 120명이었다. 당시 로마 제국의 인구를 대략 6,000만 명이라고 보면 0.0002%에 불과한 숫자였다. 그런 기독교인이 콘스탄티누스 황제의 기독교 공인에 이르기까지 인구의 8.4%에 해당하는 500만 명 가량으로 늘어난다. 무려 4만 배 성장했다. 변방에 있던 기독교가 어떻게 세계의 중심이 되었을까? 적어도 기독교를 공인하기 이전까지 회심에 대한 철저한 자기 성찰이 있었다는 것은 의미 있게 살펴봐야 한다.

알렌 크라이더는 초대교회가 전도할 수 없는 상황이었다고 말한다. 유일신 신앙을 고수해서 핍박을 받았기 때문이다. 사도행전에 기록된 전도는 무엇인가? 성령의 특별한 사건으로 이해해야 한다. 그렇다면 어떻게 초대교회는 기하급수적으로 성장을 이루었을까? 단 한 번 드리는 예배였다. 예배의 말씀이 그들의 삶에 옮겨져 말씀대로 살아 내려는 몸부림이 컸다.

세례를 거쳐야 예배처를 알 수 있었고, 말씀과 성찬의 예전에 들어갈 수 있었고, 공동체의 일원으로서 활동할 수 있었다. 초대교회 성도들은 자기 신분을 숨기고 살아갔지만 그들의 삶이 매력적이었고 특별했기에, 사람들은 예수 그리스도를 따르는 공동체의 일원이 되기를 원했다.

초대교회는 세례를 받기까지 3~5년이 소요되었다. 예수 믿고 공동체의 일원이 된다는 것은 단순히 믿음의 대상을 우상에서 하나님으로 바꾸는 정도의 변화가 아니었다. 알렌 크라이더에 따르면 회심자는 세례를 받기 전 세 가지의 변화(3B)를 확인받아야 했다. Belief(신념), Behavior(행동, 영향력), Belonging(소속감)이다. 세례를 받는다는 것은 목숨의 위협이 있어도 예수 그리스도께로 소속을 옮기겠다는 고백이며, 이미 세례를 받기 전에도 삶의 영역에서 행동의 변화가 있었다는 것이다.

오늘날의 세례는 '내가 죄인이며 예수 그리스도로 인하여 구원받았다'는 내면적 확신만 보증하는 경우가 많다. 알렌 크라이더는 기독교가 공인되었던 콘스탄티누스 때부터 회심의 변질이 일어났다고 보았다. 그때부터 예수 믿는다고만 하면 세례를 받고 공동체의 일원이 되었다.

세례의 본래 의미는 공동체적 신앙 사건이다. 하늘땅교회의 세례 교육은 평상시에 이루어진다. 세례 의미와 초대교회의 세례가 어떠한지를 설명하여 세례가 얼마나 중요한지 인식하게 한다. 비록 자신의 회심을 스스로 점검하고 아직 부족하다며 미루고 있어 세례자나 직분자가 적은 편이지만 그 의미를 지켜 가려고 한다.

한 사람이 세례를 받고 교회 가족이 된다는 것은 예수 공동체로의 소속감을 가지고 목숨 걸고 지체가 되는 것이다. 그래서 세례식 때는 회중과 공동체 가족에게 반드시 확인한다. 우리 모두 세례자의 인생을 함께 책임지고 걸어가겠냐고 묻는다. 지체들의 '아멘!'이 선언된 후에야 세례식을 마친다.

인생에 위기는 얼마든지 있다. 직장, 대학, 결혼 등 여러 상황에서도 공동체가 함께하겠다는 선언을 하는 것이다. 세례자가 병들고 아프고 가정의 어려움이 생길 때에도 교회가 함께

하겠다는 고백을 한다. 이것이 공동체적 세례의 의미이다. 세례는 한 개인의 사건이 아니라 공동체적 사건이다.

전 교인 릴레이
금식 기도회

1년에 두 차례 전 교인 릴레이 금식 기도회를 한다. 한 번은 부활절 전 40일이고, 다른 한 번은 성탄절 전 40일이다. 각자 따로 금식 기도를 하는 것이 아니라 공동체가 함께 한다. 서로를 돌아보고 일깨우는 시간이다. 내가 금식을 하고 나면, 다음 사람에게 미리 격려의 말씀 구절을 나누고 안부를 묻는 형식이다. 그리고 다음 사람이 그다음 사람에게 문자를 건넨다. 이렇게 40일간 계속 이어지는 아름다운 일이다.

교회에 처음 오면 적응하는 동안도 은혜를 받지만, 금식 기도회를 공동체적으로 참여하면서 특별한 은혜를 경험했다는 이들이 많다. 초등학생 이상은 모두 참여한다. 어린아이라고 해서 보호 대상으로 여기지 않는다. 자녀들도 부모와 함께 하늘땅교회의 당당한 일원이 되어 참여한다.

야고보서 5장 13~16절에서 전하는 초대교회는 이렇다. "너희 중에 고난 당하는 자가 있느냐 그는 기도할 것이요 즐거워하는 자가 있느냐 그는 찬송할지니라 너희 중에 병든 자가 있

우리는 날마다
교회가 무엇인지
묻는다

느냐 그는 교회의 장로들을 청할 것이요 그들은 주의 이름으로 기름을 바르며 그를 위하여 기도할지니라 믿음의 기도는 병든 자를 구원하리니 주께서 그를 일으키시리라 혹시 죄를 범하였을지라도 사하심을 받으리라 그러므로 너희 죄를 서로 고백하며 병이 낫기를 위하여 서로 기도하라 의인의 간구는 역사하는 힘이 큼이니라"

교회에는 고난당하는 자, 즐거워하는 자, 병든 자, 죄 지은 자가 있다. 마치 베데스다 연못에 병든 자들이 모여 있는 것 같다. 그들을 위해 함께 아파하고 함께 기도하는 곳이 교회다. 가족이기 때문이다. 지체의 어려움을 내 어려움으로 여겨 기도하고, 지체의 죄가 보이거든 소문내기보다 가만히 거리를 두는 믿음이 필요하다. 그의 죄가 나의 죄가 될 수 있음을 깨달으며, 더 힘껏 사랑하지 못해 긍휼한 마음으로 기도한다.

왜 기도가 공동체적이어야 하는가? 성경이 서로 기도하라고 가르치기 때문이다. 서로 기도할 때 역사하는 능력이 크다. 전 교인 릴레이 금식 기도회는 각 지역의 재해, 전쟁, 아픈 환우 등 다양한 내용을 놓고 기도한다. 기도하면서 하나로 연결되는 것을 느낀다. 마침 공동체에 실직자가 있을 경우, 이름도 밝히지 않고 구제 헌금이 이루어지기도 한다. 기도하다가 마음으로 주시는 말씀에 순종하는 것이다. 입학금이 없는 학생의 기도가 누군가의 장학 헌금을 통해 이루어지기도 한다.

"믿는 무리가 한마음과 한 뜻이 되어 모든 물건을 서로 통용하고 자기 재물을 조금이라도 자기 것이라 하는 이가 하나도 없더라 사도들이 큰 권능으로 주 예수의 부활을 증언하니 무리가 큰 은혜를 받아 그 중에 가난한 사람이 없으니 이는 밭과 집 있는 자는 팔아 그 판 것의 값을 가져다가 사도들의 발 앞에 두매 그들이 각 사람의 필요를 따라 나누어 줌이라"(행 4:32~35)

기도자들은 사도행전 말씀에 순종하려고 한다. 선교를 강조해야겠지만, 교회 안의 가난하고 병든 자에게 먼저 다가가야 한다. 교회 안에 가난한 자가 없다는 말씀은 균등의 원리를 따라 서로 돌봄으로써 서로의 부족함을 채워 간다는 의미일 것이다.

신앙생활을 하면서 간혹 피로감과 회의감이 찾아올 때가 있다. 각자 사정이 다르고, 일일이 서로 기도해 주지 못하기 때문이다. 교회가 아무리 가족이라고 해도 주변의 몇 사람만 공유되는 어려움에 대해서는 어쩔 줄 모를 때도 있다. 생사를 넘나드는 순간인데도 기도를 요청할 사람이 없고 어떻게 해야 할지 방법을 모른다면, 이미 그들에게 교회는 가족이라고 할 수 없다.

바울의 신학을 한마디로 '서로의 신학'이라고 명명하고 싶다. 사이먼 슈락(Simon Schrock)은 건강한 교회를 세우는 데 "서로 서로"가 무엇보다 중요하다고 했다. 성경적인 공동체라면 일방적으로 주기만 하고 받기만 하지 않는다. '서로'와 '피차'로

우리는 날마다
교회가 무엇인지
묻는다

표현되는 쌍방적인 대화와 소통의 관계가 이루어져야 한다는 것이다.

이는 예수님의 가르침이며, 바울의 서신서에도 등장하는 메시지이다. 서로 서로 사정을 알고 기도하고, 서로 서로 손잡고자 기도의 손을 펼치는 것은 교회에만 감춰 놓은 신비로운 방법이다.

매년 사순절과 대강절에 이루어지는 40일 전 교인 릴레이 금식 기도회는 기도하는 것만큼 공동체가 하나 됨을 확인하는 시간이다. 교회를 머리로 배우는 것이 아니라 몸으로 실천하며 교회를 살아 냄으로 배운다.

특히 아이들에게 교회를 설명하다 보면 자칫 일방적인 가르침에 불과할 수 있지만 전 교인이 릴레이로 아침, 점심, 저녁에 금식 기도회를 하면서 서로의 안위를 묻고 격려하는 과정을 통해 각기 다른 회복이 일어난다.

함께하면 더 멀리 갈 수 있는 것이 주님의 방식이다. 주님의 일은 주님이 맡기신 한 영혼을 집중하여 바라보는 것부터 시작된다. 그의 신음 소리가 들리고, 차마 말하지 못한 아픔이 내 아픔으로 여겨질 때 진정한 기도를 할 수 있다.

믿는 사람이 다 함께 있어 모든 물건을 서로 통용하고 또 재산과 소유를 팔아

각 사람의 필요를 따라 나눠 주며 날마다 마음을 같이하여 성전에 모이기를 힘쓰고

집에서 떡을 떼며 기쁨과 순전한 마음으로 음식을 먹고 하나님을 찬미하며

또 온 백성에게 칭송을 받으니 주께서 구원 받는 사람을 날마다 더하게 하시니라

행 2:46~47

삼중
감동 목회

감동이 메마른 시대라고 한다. 서로 마주 보며 웃을 일도 많지 않지만 웃을 일을 위해 노력하려고 하지도 않는다. 사람이 사람을 만나고 관계하며 웃기도 하고 울기도 해야 할 텐데 그러지 못하는 것이다. 우리는 성경에서 아프고 고통스러운 일 속에 예수님이 찾아오심으로 새로운 전개가 펼쳐지는 것을 본다. 예수님은 어떤 모습이든 만나 주셨다. 병들고 가난한 자를 찾아가셨고, 부유하고 신분이 높은 자들이 스스로 찾아오도록 하셨다.

우리 시대 감동이 메말랐다는 단적인 예는 생명 존중이 없어진 것이다. 하나님의 손길로만 창조될 수 있는 것이 사람의 생명이다. 아무리 과학이 발달했어도 어떻게 하지 못하는 것이 사람의 생명이다. 그런데 사람들은 돈과 명예를 위해 사람의 목숨조차 함부로 한다. 심지어 죽이기까지 하는 인간의 죄악을 누가 막을 수 있을까.

우리가 말하는 사랑이란 생명이 생명 되게 하는 것이다. 안식일에 밀 이삭을 먹는 제자들을 책망하던 바리새인들에게 예수님은 안식일의 주인이 자신임을 선포하셨다. 안식일의 주인이신 예수 그리스도께서는 그날 밀 이삭을 먹는 제자들에게 율법을 어겼다고 말하지 않으셨다. 진정한 사랑이란 생명이 생명 되게 이어 주는 것이다.

교회마다 형식적인 예배와 만남이 이어진다. 서로 감동을 나눌 기회가 부족하다. 사람과 사람 사이에 있는 틈을 채울 수 있는 방법이 없다. 우리는 어떻게 해야 감동을 나눌 수 있을까? 어떻게 감동 목회를 할 수 있을까? 『행동경제학』을 쓴 도모노 노리오(Tomono Norio) 교수는 경제를 행동심리학과 연결하여 사람들이 물건을 구입할 때, 합리와 효율에 따라서만 소비하지 않는다고 말한다. 경제를 움직이는 것은 인간의 마음이며, 경제의 흐름은 인간의 마음에 달려 있다는 것이다. 그래서인지 요즘 제품들의 광고를 보면, 대부분 인간의 마음을 끌려고 한다. 당장 돈이 없고 필요 없어도 마음이 동하여 구매하도록 만드는 것이다.

우리는 마음을 움직이는 분이 성령님이심을 안다. 성령님이 우리 마음을 새롭게 하고 그 안에 역사하셔야 헌신도, 사랑도, 봉사도, 예배도 할 수 있다. 우리가 즐겨 읽는 성경은 신앙 사건에 대한 이야기가 많이 등장한다. 그 사건들을 접할 때 마음에 움직임이 있다. 우리의 인생 이야기와 동일하거나 동화되면 그렇다. 그런 경험은 더 큰 시너지를 불러온다. 한 인간의 변화를 살펴보면, 주님과의 만남을 통해 자신이 먼저 감동을 받는다. 그 감동을 이웃에게 나눠 주면 감격이 된다. 함께 감격하는 곳에 하나님의 감복, 축복의 역사가 있다.

사마리아 수가성의 한 여인은 사람이 오가지 않는 대낮에 물을 길러 우물가로 나간다. 그곳에 예수님이 찾아오신다. 영원히 목마르지 않는 생수를 알게 된 여인은 감동한다. 그러자 항아리를 버려두고 마을로 들어가 '내가 메시야를 만났다'고 전파한다. 그 소식을 들은 사람들이 예수님을 만나 감격하고, 온 동네가 구원을 얻는 감복의 역사가 일어난다.

그런가 하면 성경에는 밤을 새워도 잡은 물고기가 한 마리도 없는 시몬이라는 인생도 나온다. 주님은 빈 그물을 씻고 있는 그에게 다가가 더 깊은 곳에 그물을 내리라고 말씀하신다. 이에 말씀에 의지하여 그물을 던진다. 그때 잡힌 것이 심히 많아 그물이 찢어질 정도가 되었다. 시몬이 동무들에게 손짓하여 와서 도와 달라고 하니 그들이 다 와서 놀랐다. 시몬의 감동이 동무들에게 감격이 되었다. 이후 그는 모든 것을 버려두고 예수를 따르는 제자가 된다. 이것이 바로 하나님의 축복, 감복이다.

또 키가 작은 삭개오는 세금을 징수하던 자였다. 그는 자기 백성에게 세금을 부과하여 그 일부는 로마 정부에, 그 일부는 자기의 수입원으로 삼던 사람이었다. 사람들은 그의 고약한 삶을 안다. 그런 외로운 삭개오에게 어느 날 예수님이 찾아오신 것이다. 키가 작은 그는 뽕나무에 올라가 예수님 보기를 원했다. 그날 예수님은 그를 향하여 내려오라 말씀하시고, 그의 아름다운 고백을 듣고는 너도 아브라함의 자손이 되리라는 구원의 축복을 하신다.

이렇듯 성경의 모든 이야기는 삼중 감동이다. 내가 먼저 감동 받고, 그 감동을 이웃에게 나눠 주면 감격이 된다. 그때 하나님이 찾아오셔서 구원의 감복을 허락하신다.

오산에 내려와서 모든 것이 생소했다. 마치 바울이 선교지에서 목회자가 되고 신학자가 되듯, 처음 살아 보는 오산에서 몸으로 신학 공부를 다시 한 것만 같다. 이런 상황은 나만이 아니라 개척하는 목회자들이 모두 겪는 일이다. 책상에서 배운 것과 달랐다. 영혼을 사랑하는 마음으로 이렇게 저렇게 해 봤지만 쉽지 않았다. 가령 예배 시간이 다르다, 저녁 기도회를 한다, 교회 이름을 처음 듣는다 등 심한 오해를 받기도 했다.

문화와 복음이 혼재해 있는 사람들의 모습을 보면서 어디서부터 다시 목회해야 할지 고민했다. 그러면서 영혼의 심연을 깊이 관찰했고 우리 인생이 얼마나 감동에 목이 말라 있는지 알게 되었다. 울 일은 많은데 웃을 일이 없는 시대라는 것이다. 신앙생활을 하고, 예수님을 믿으면서 그 삶이 하나님이 보시기에 좋은 삶으로 회복되길 바라는 마음이 컸다.

말씀을 연구하던 중, 한 사람을 세우고 회복시키는 일에 전심전력하겠다는 마음을 먹었다. 한 사람이 먼저 주님 만난 감동을 가져야 그가 가정과 자녀를 세우고 살리는 감격이 있다는 사실을 알게 되었다. 먼저 믿은 우리가 감동해야 이웃에게 나눠 줄 이야기가 있지 않겠는가. 그래야 메마른 세상에 기쁨

우리는 날마다
교회가 무엇인지
묻는다

을 나눌 수 있지 않을까 생각했다.

하늘땅교회는 눈물로 남편을 전도한 이들이 많다. 아직 부족하더라도 남편들이 서서히 하나님의 일을 감당하고 있다. 이제 하나님이 주신 감동을 나누기도 하고 전도하기도 한다. 하나님의 구원 여정은 나부터 주님과의 만남을 통해 감동받고, 그 감동이 누군가에게 들려져 감격이 될 때 이루어진다. 이처럼 사랑하사 구원하시려는 하나님의 감복이 세상에 임하게 될 것이다.

더 빨리 가려고 하지 않는 삶, 빨리 갈 수 있어도 느린 목회를 하는 이유가 삼중 감동 목회에 있다. 한 사람의 변화가 강요로부터 일어나지 않는 시대다. 나의 감동이 먼저다. 내게 감동이 없는데 누군가에게 전할 이야기가 있겠는가. 나의 감동이 누군가에게 전해져야 감격하게 된다. '나도 그런 삶을 살고 싶다'는 마음이 생긴다. 그때 주님은 그 만남 위에 감복하신다. 구원의 길로 인도하신다. 하늘땅교회가 더 욕심을 내지 않고 주어진 몫을 충실하게 감당하는 데 관심 갖는 이유다. 빨리 오는 감동은 빨리 식는다. 가랑비 옷 젖듯, 그렇게 오는 감동이 축복이다.

공간
신학

개척하면서 교회가 최소한의 재산도 갖지 않아야 한다고 생각했다. 교회들의 어려움이나 교회를 향한 세상의 지탄이 왜 나오는지 알기 때문이다. 한 교회가 세워져 십자가 불 밝히는 일은 중요하지만, 기성 교회가 후임자에게 선하게 리더십을 이임하는 것이 더 중요하다. 한국 교회는 여기에 어려움이 생긴 것이다. 물질의 문제들이 빈번했고 세상 언론에 등장하는 단골 메뉴가 되기도 했다. 교계를 대표하는 목회자들이 이슈가 되어 뉴스에 오르내리자 전도는커녕 한국 교회에 대한 지탄만 듣다가 온 적도 있다.

참담한 현실 앞에 언제나 공간에 대한 고민이 컸다. 성도가 늘어날수록 무조건 건축하려 하거나 무리하게 확장하여, 은퇴할 무렵에는 그것이 명예가 되고 성과가 되고 재산이 되어 그만한 보상을 챙기려는 사례는 아직도 비일비재하다. 한국 교회의 부조리로 각인되어 있던 내겐 개척 초기부터 깊이 생각할 주제였다.

그렇다고 교회 공간을 무조건 부정적으로 보아야 할까? 꼭 그런 것은 아니다. 과욕과 탐욕이 문제다. 지금도 많은 사람이 이스라엘을 성지로 여기며 그곳으로 간다. 그 공간에 예수의

혼적이 있기 때문이다. 하나님을 만났던 야곱은 벧엘에 기념
돌을 쌓았다. 우리의 신앙은 공간, 장소, 시간의 역사 없이 유
지되거나 전수될 수 없다. 우리가 모인 공간에는 우리만의 이
야기가 있다. 그 이야기는 구체적 공간과 함께 자녀들에게 들
려질 때 더 큰 힘을 발휘한다.

　공간에는 그 장소만의 정신, 스피릿이 있다. 예수님은 성전
(교회)을 향하여 만민이 기도하는 집이라고 하셨다. 이곳을 강
도의 굴혈로 만드는 것에 대한 안타까움을 드러내셨다. 교회
가 교회답다는 것은 공간 안에 예수 신앙, 예수 정신을 채울 때
가능하다. 단순히 공간을 장소로만 보는 것이 아니라 무엇이
담겨 있는지 실체를 보아야 한다. 무조건 편리를 위해 넓고, 다
구비되어야 한다는 생각은 그릇되었다.

　교회는 그 공간 안에 무엇이 채워져 있는지를 점검해야 한
다. 강도의 굴혈이라면 그곳은 머지않아 강도만 가득한 집이
된다. 자신이 어느 교회에 다닌다며 자랑하는 이들을 보면 교
회 규모를 자랑하는 경향이 있다. 교회의 공간은 신앙의 크기
와 비례될 리 없다.

　많은 이들이 여전히 교회 공간의 크기를 사용의 효율성보
다 먼저 본다. 교회가 작아서 안 된다는 이야기를 들을 때면
여전히 우리의 기준이 세속적이라는 생각을 지울 수 없다. 자
신의 모든 것을 채워 주길 바라는 마음이야 이해되지만 장소
라는 공간 안에 어떤 이야기가 묻어 있는지를 보지 못하는 안

타까운 현실이다.

가끔 소개를 받아 다른 교회를 방문할 기회가 있다. 그때마다 난감한 것은 개척 땐 어려웠지만 지금은 부흥했다며 교회이 장소 저 장소를 순회하는 것이다. 그 장소가 생기기까지의 간증이 도전이 되고 은혜가 되어야 하는데 그런 이야기는 들리지 않는다. 교회가 닭장이 되었다는 책 속의 이야기가 정말 현실이라는 데 개탄하게 된다.

한국 교회의 변질을 목격하면서 하늘땅교회를 개척했다. 성도가 100명 이상 되면 매번 교회를 분리 개척하고 있다. 건물에 돈을 투자하거나 건물 관리를 위해 교회가 존재하는 어리석음에서 벗어나려는 것이다. 거듭 말하지만 건물을 불필요하게 생각하는 것이 아니다. 다만 더 효과적인 사역을 위해 교회 규모를 늘리기보다 분리 개척이나 선교로 돌려야 한다는 믿음이 있을 뿐이다.

공동체로서 교회는 여러 모양으로 존재하고, 저마다 나름의 목회 철학을 가지고 있다. 그럼에도 교회 건물에 대해 지나치게 경시하거나 찬양하는 일은 피해야 한다. 모이고 훈련받는 장소로서의 교회보다는, 신앙의 유산을 물려준다는 의미에서 교회 공간이어야 한다. 교회에서 일어난 이야기를 다음 세대에게 들려주어야 하기 때문이다.

예수님이라면 어떻게 하셨을지 묻고 또 묻는다. 인간의 경계와 담장을 허무셨던 주님을 따르는 우리는 건물 안에 갇히지 말아야 한다. 공동체의 공간은 이웃을 섬기고 이웃에게 다가가기 위해 머무는 곳임을 잊지 말아야 한다. 교회는 세상을 향하여 나갈 준비를 하기 위해 예배하고 훈련할 만한 공간이면 된다. 주어진 공간을 예수 이야기로 채워야 한다. 예수 없는 공간은 빈 공간이다.

열심
기도회

교회를 모양새만 지키는 목회는 피하고 싶었다. 새벽 모임에 몇 명 나오지도 않는데 계속해야 하는지 스스로 물었다. 목회의 효율성만을 따지려는 것이 아니다. 한두 사람이라도 모임에서 인생의 작은 변화가 찾아오기를 바랐다. 우리 집에서 시작한 교회는 기도 공간이 부족했다. 하는 수 없이 가까운 논밭 길에서 부르짖으며 기도했다. 밤 10시경이었다. '열시 기도회'라고 불렀는데, 우리의 무딘 영성이 회복되면서 '열심 기도회'로 이름이 바뀌었다.

얼마나 뜨거웠는지 모른다. 전도사님과 둘이서 시작한 기도 모임에 아내와 두 아들이 동참하면서 기도 시간이 더욱 뜨겁게 이어졌다. 하늘땅교회 저녁 기도회의 출발이었다. 가정을 살리고, 바쁜 도시의 저녁을 기도로 깨우길 바랐다. 그렇게 소문이 났는지 열심 기도회에 성도들이 하나둘 모이기 시작했다. 간혹 타 지역의 성도들이 참여해도 되는지 문의가 오기도 했다. 지금은 지역에서 저녁 기도회가 있는 유일한 교회가 되었다.

니고데모나 부자 청년은 사람들의 눈을 피해 저녁 때 예수님을 찾아왔다. 모두가 잠든 밤 예수님을 만나면 생명이 살아난다. 저녁이 되고 아침이 되니 첫째 날이었다는 히브리식 하루 개념은, 어쩌면 우리에게 더 필요한지도 모른다. 쉼이 있는 저녁이 기도회로 뜨거워지니 가장 좋은 것은 목회자인 나였다. 종일 사역하고 난 후 그 씨앗을 놓고 기도하고, 또 이런저런 어려움과 고민을 가지고 저녁에 기도하면 마음이 청소되었다. 주님께 맡기고 기도하다 보면 사랑과 열정이 생겼다. 왜 염려와 근심거리가 없겠는가. 그러나 단잠을 잘 수 있고, 하늘땅교회가 오늘의 모습으로 존재할 수 있는 것은 저녁 기도회 덕분이라는 믿음이다.

기도가 있어서 목회가 참 재밌다고 생각한다. 서로 이해되지 않으면 곡해하고, 풀리지 않으면 오해한다. 그렇다고 미워하면 누구랄 것 없이 손해를 본다. 그래서 소통이 필요하고 소통할 때 비로소 이해되니 늘 긍휼함이 필요하다. 긍휼함을 놓치지 않는 비결은 바로 기도였다.

교회 안의 많은 일들이 오해되어 돌아간다. 서로 대화가 끊어지는 일이 일어나면 더욱 그렇다. 어떻게 하든지 성도 사이에 이야기가 끊어지지 않도록 기억을 끄집어내는 일을 계속했다. 소통을 위한 노력이었다. 하지만 목회는 하나님과의 소통이 먼저이다. 그 은혜로만 영혼을 사랑하고 그 은혜로만 긍휼히 여길 수 있으니 기도할 수밖에 없다.

언제부턴가 기도 제목이 늘어나고 확대되었다. 가령 기도하는 교회로 소문나면서 질병으로 고통을 겪는 사람이 있으면 성도들을 통해 기도 제목이 도착한다. 그러면 긍휼함으로 회복을 바라는 기도를 이어 간다. 오직 긍휼함으로 기도하게 된다.

저녁 기도회는 한 시간을 넘지 않는다. 찬양과 말씀과 기도 제목을 나누고 남은 시간은 온 성도를 위해 기도하고, 중보하는 교회들을 위해 기도하고, 이웃의 기도 제목을 놓고 기도하다 보니 한 시간은 눈 깜짝할 사이에 지나간다. 교회 개척하고 한 일 중에 기도 시간이 가장 길었다. 기도의 불이 꺼진 지금, 우리 교회는 마지막까지 기도의 사명을 놓치지 않으려고 1년에 두 차례 기도 학교를 연다. 기도가 어렵다고 하던 성도들이 어느새 기도하는 사람이 되었다. 훗날 기도했던 부모의 날들이 자녀에게 꼭 간증으로 남기를 바란다.

돌아보면 기도가 교회를 하나 되게 했다. 누군가의 아픔을 보면서 나의 아픔으로 여기는 아름다운 전통이기도 하다. 어른들이 서로 사소한 것까지 나누고, 서로의 어려움을 놓고 기도하는 모습은, 아이들에게 교회가 무엇인지 다시 배우는 통로가 되었다. 기도하는 교회는 서로 장점을 좋아하지만 단점까지 사랑한다. 상대의 허물을 내 허물로 여기고 덮어 주는 사랑이다. 이것이 신앙생활에서 얼마나 중요한지 모른다. 더 사랑하지 못해서 그렇다고 부끄럽게 생각하며 기도한다. 기도는 하나님의 마음을 지키며, 영혼을 사랑하게 하는 힘이다. 기도하는 교회는 쓰러지지 않는다.

통장이 비어 있는
교회

교회는 예수님의 부활을 보았기에 존재한다. 그 많은 사람이 주일 아침 예수님의 무덤에 가 보았다. 무덤 앞에 놓여 있던 돌문이 열려 있었고, 장사 지낸 지 사흘 된 예수님의 시신이 없었다. 그제야 부활을 믿은 제자들은 갈릴리로 예수님을 찾아간다. 그렇다면 왜 부활하신 주님은 아무것도 남기지 않으셨을까. 왜 주님은 빈 무덤 그대로 보여 주신 것일까. 오늘날 교회는 무엇을 남기려고 애쓰는데 어떤 우상이나 숭상의 흔적도 남기지 않은 채, 예고한 그대로 장사 지낸 지 사흘 만에 부활하셨다.

부교역자 시절, 원로 목사님은 설교하고 내려오는 내게 말씀하셨다. "이 목사, 젊다고 까불지 마라. 네가 죽어야 예수가 산다." 지금까지 그 말씀을 기억하며 산다. 또 주일에 절대 보지 말아야 할 것도 알려 주셨다. "성도가 헌금을 얼마 하는지 보지 말아라." 사람을 평가하지 말라는 말씀이었다. 지금까지 지키고 있는 것 중에 하나다.

세월이 흐르면서 재정을 더 잘 사용하는 교회가 되길 기도한다. 드리는 성도들의 상황은 늘 부족함이다. 그럼에도 믿음으로 주께 드리는 헌금이 성도에게 보람이었으면 좋겠다. 또한 사용하는 교회는 투명하게 재정의 적절성을 고려하여 집행하면 좋겠다. 그래야 하나님이 보시고 영광받으시는 예물이 되리라 생각한다.

매 주일 재정부는 헌금의 총액이 얼마인지 보고한다. 그때마다 매주 구제하고 선교할 곳을 철저하게 챙기려고 했고, 나중으로 미루지 않는다. 주변에 힘든 분들이 많고, 챙겨야 할 교회들도 많다. 여행 한 번 가 보지 못한 개척 교회 목회자들도 있다. 밥 못 먹어 굶어 죽는 사람은 없다지만 개척의 미래가 불확실해서 중도에 목회를 그만두는 경우도 있다. 아주 가끔 큰 교회에 부흥회나 강의를 가면 목사님이 도울 일 없냐고 물으신다. 그러면 개척 교회 목회자 국민연금 기본이라도 선교하는 마음으로 작정해 달라고 한다. 나누고 또 나누어야 하기 때문이다. 하나님 나라에서 볼 때 얼마나 아름다운 일인가. 나눌 때는 조건이 없다. 그만하게 될 때까지 나누려고 한다.

하늘땅교회는 재정부의 투명함을 위해 세 사람이 함께한다. 여기에 청년을 포함하려고 한다. 책임 있는 성도라면 누구나 참여할 수 있기 때문이다. 교회 살림을 위한 참여는 하늘땅교회의 성도라면 어떤 일이든 맡길 수 있다고 생각한다. 성도는 관리 대상자가 아니기 때문이다. 재정부는 교회가 갈 방향에 따라 선교나 구제에 헌신하고 있다.

주변에서 교회 건축을 준비하라고 여러 권면을 듣는다. 땅 구입 자금을 1억이라도 모아 두어야 하지 않겠냐고 말이다. 하지만 건축을 위해 통장 잔고를 쌓아 둔 적이 없다. 재정이 남으면 장학금으로 지출하기에 빈 통장 교회로 존재한다. 도리어 교회가 작아서, 운영비를 최소화할 수 있어서 선교를 많이 할 수 있을 것이다.

매년 두 차례 전 교인 공동 회의가 있다. 그때마다 선교지 소식을 나누면 그렇게 좋다. 미망인을 위한 집 짓기, 선교센터 공동 건립, 읍면 단위의 교회 돕기, 작은 교회 목회자 성지순례 지원, 겨울철 난방비 지원 등. 빈 통장으로 살아온 것이 기쁨이다. 아무것도 남아 있지 않고 노후가 보장된 것도 아니지만, 나의 이런 목회 방향을 온 성도가 함께하며 걸어가는 것만으로도 감사하고 기쁘다.

교회의 문제는 대부분 '돈'이다. 수고하고 애써 세워진 교회가 탐욕으로 무너지는 것을 본다. 서로 신뢰의 자리에 가는 것은 중요하지만 무엇보다 원칙이 중요하다. 하늘땅교회의 원칙

우리는 날마다
교회가 무엇인지
묻는다

이 빈 통장으로 한 해를 마치는 것이라면 누군가는 웃을지 모르지만 내겐 중요하다.

목회가 누구나 걸어가는 길을 되밟는 것이라면 이 땅에는 똑같은 교회만이 남을 것이다. 교회는 사람이 중요하다. 성도가 중요하고 목회자가 중요하다. 사람 말곤 아무것도 남기지 말아야 성경적이라는 이야기가 아니다. 다만 더 건강하고 투명한 교회 살림을 위해 원칙을 지키려는 것이다.

주변에 '사람은 가도 건물이 있어야 교회가 남는다'고 강조하는 분들이 있다. 하지만 그 말에 속지 않기로 했다. 사람이 없는데 덩치 큰 건물만 많은 유럽의 교회들이 있고, 미국의 교회도 그러한 사례가 빈번해졌다. 우리가 당면한 문제이기도 하지 않는가. 우리만을 위한 건물은 점점 더 의미가 없다. 담장을 헐고 이웃이 오가는 길목에 교회가 존재해야 한다.

남기지 말자. 퍼 주자. 덜 쓰고 더 많이 베풀자. 하나님이 주신 것이니 하나님의 일을 위해 아까워하지 말자. 모으려고 해도 모아지지 않는 것이 하늘나라 헌금이다. 선하고 아름답게 사용하길 바라는 마음으로, 성도는 잘 모여서 은혜받고 세상으로 흩어지길 바란다. 주님께 잘 드려서 세상 구석구석 이웃의 필요에 따라 물질이 흘러가길 기도한다.

공감, 공존, 공생의 목회

교회를 개척하며 가졌던 생각은 단순하다. 그저 누군가에게 마음을 열고 귀를 기울이는 사역을 하고 싶었다. 부교역자 시절 가장 가슴 아팠던 일은 교회가 소통이 안 된다는 성도들의 하소연이었다. 어떻게 해야 할지 몰라 힘들었다. 교역자로서 성도들과 담임목사님 사이를 중재하는 것은 중요한 일이지만, 직접 자신의 입장을 설명하고 서로 이해하는 것이 최선이고 서로 소통이 된다면 더욱 바람직하다.

그러나 갈등이 있다 보면 간극이 컸고, 누구의 잘잘못이라고 할 수도 없었다. 누구든 먼저 대화하려는 자세가 필요했지만, 아무래도 담임목사님 자리에서는 성도와의 갈등 상황에 다가가기가 쉽지 않아 보였다.

교회가 하나님의 뜻을 이루려면 서로 공감(共感)하는 것이 중요하다. 공감의 사전적 의미는 '상대방 입장에 서서 경험한 바를 이해하거나 다른 사람의 입장에서 생각해 보는 능력'이다. 역지사지(易地思之)의 마음일 것이다. 서로 입장을 바꿔서 생각하려는 노력에서 공감이 시작된다. 사실 교회는 서로 주의 뜻을 이루며 잘되기를 바라는 마음이 가득하다. 이 사실만 인정할 수 있다면 공감하게 될 것이다. 공감도 능력이다. 오늘날

우리는 날마다
교회가 무엇인지
묻는다

사람들은 공감하는 사람을 찾는다. 그래서 '공감 능력'이라고 부른다. 교회야말로 공감 능력이 필요하다. 서로 공감할 때 하나님의 기적을 경험할 수 있다.

또한 교회는 공존(共存)하는 곳이다. 서로 도우며 함께 존재해야 한다. 주님의 살과 피를 먹고 마시며 한 지체임을 잊지 말아야 한다. 우리를 하나 되게 하려고 주님이 피 흘려 주신 십자가의 은혜를 기억해야 한다. 죄로 인해 갈라진 우리를 화해시키며 하나 되게 하는 하나님의 능력이다. 공감할 때 공존의 길로 간다. 이것이 인류를 향하신 하나님의 마음이다. 그 사랑 안에서 하나 되어 더불어 살아가기를 바라신다.

나만 살겠다는 태도는 세상을 어지럽게 만든다. 교회는 세상과 구별되어 자기만의 성을 쌓는 것이 아니라 세상을 이처럼 사랑하신 주님을 따라 함께 공존하는 법을 실천해야 한다. 그래야 공생(共生)의 자리에 갈 수 있다. 공생은 서로 다른 것이 영향을 주고받는 관계를 의미하는 생물학적 용어이다. 교회는 조직이기보다 유기체적 생명으로 이해해야 한다. 이것은 서로에게 영향을 주고받는 관계라는 의미이며 더 나아가 서로 살아나는 생명을 추구하는 곳이 교회라는 뜻이다.

예를 들면, 교회는 기후 변화에 맞서 지구와 함께 공존하고 공생하기 위한 노력을 해야 한다. 하늘땅교회는 음식물 줄이기, 종이컵 대신 개인 컵 사용하기, 헌 옷 모으기, 전깃불 없는 예배 등 다양하게 실천하고 있다. 더러는 하기 싫고 귀찮을 수 있으나 교회는 영혼만 사랑하는 것이 아니라 자연도 사랑해야 하기에 공생하는 일에 민감하게 반응해야 한다.

기후 온난화로 더위가 가중되고 있다. 지구 환경을 위한 노력으로 적정 온도를 유지하면서 웬만한 더위는 견디는 편이다. 덥다거나 춥다는 이유로 교회가 불편하다고 하는 성도가 있다. 그때마다 교회에서는 익숙해져야 한다고 말한다. 어느덧 천막 교회 시절을 잊어버린 한국 교회 성도들은 집 이상의 편리를 제공해야 한다고 생각한다. 이해할 수 있지만, 서로 공감하려는 마음이 있으면 공존과 공생이 가능해진다.

목회가 무엇인지 수시로 나 자신에게 묻고, 또 교회가 무엇인지 묻는다. 옥한흠 목사님은 "목회자는 날마다 교회가 무엇인지 물어야 한다"고 했다. 이러한 질문은 목회자와 교회가 사는 생명과도 같다. 목회가 살고 죽는 것을 결정하는 중요한 질문이다. 교회가 무엇인지를 고민하지 않는 목회자는 진정한 목회자가 아니다. 한시라도 잊는다면 초심을 지킬 수 없고 공감, 공존, 공생의 목회를 할 수 없다. 성도들을 살리느냐 죽이느냐를 판가름하는 점검표라고 할 수 있다.

교회는 생명을 살리고 하나 되게 하는 곳이다. 서로 분리되어 아파한다면 주님을 아프게 하는 일이다. 누구의 말이 옳다고 하여 누군가를 그릇되게 치부하면 이것은 죽는 것이다. 다툼이 생긴다. 서로 의견이 다르다고 내 판단과 기준으로 함부로 대하면 공존이 될 수 없다. 더더욱 공생할 수 없다.

하나님 나라에서는 공존과 공생의 원리가 중요하다. 그래서 공감해야 한다. 서로 슬퍼하고 아파하고 기뻐해야 한다. 교회를 신앙으로만 보면 존재 이유가 축소되어 교회 안에 머물게 된다. 공존과 공생을 명령하신 하나님의 말씀대로 교회 담장을 뛰어넘어 지구 공동체 의식을 가지고 살아가야 한다. 선교해야 하는 이유이기도 하다. '생육하고 번성하고 충만하게 하라'는 명령을 가볍게 여기지 않아야 하는 것이다.

하늘땅교회는 사회적 참여나 환경 운동에 더 힘쓰려고 한다. 성도들이 의식 있는 그리스도인이 되어 사회나 환경에 대해 공감할 수 있도록 노력하고 있다. 청년, 청소년들과 오산천, 교회 뒷산에서 클린데이를 하는 이유 역시 자연과 함께 공생하기 위해서이다. 나는 우리가 처한 환경에 공감하고 공존과 공생을 나누고자 한다. 아이들의 생각이 더 많이 성장하여 다 같이 걸어가면서 살아 내려고 할 때 보람을 느낀다.

PART 2

세움받은

교육
공동체

Called up
community

교회는 세움의 공동체이다.
서로를 세우기 위해 교육하고 신앙의
교제를 나눈다. 많은 교회가 교육을
강조한다. 교육을 받아야 직분자가
되고, 교육을 일정량 이상 받아야
신앙 수준이 높다고 여긴다. 그러나
이것은 지식 교육일 뿐, 우리의
손과 발을 움직이지는 못한다. 듣고
배웠던 말씀을 다시 점검하고 나누며
풍성하게 만드는 신앙의 교제가 점차
줄어들고 있는 것도 문제다. 교제는
교회가 말씀을 기억하고 살아 내게
하는 힘이다. 그럼에도 신앙의 교제가
점점 약화되는 모습을 본다.

교육과

신앙의

교제

주의 말씀을
교육하는 일

칼 바르트는 교회를 하나님의 부름받은 백성 공동체로 설명한다. 부름받은 공동체에는 부르신 목적이 있다. 그것은 세우기 위한 것이다. 하나님의 부름받은 백성 공동체는 잘 세워져 하나님의 일을 해야 한다. 이것이 교회 건강의 척도이다. 따라서 교회에 성도 한 사람 한 사람을 세우는 것보다 중요한 일은 없다. 그 한 사람을 제대로 세우는 것보다 어려운 일 또

한 없다. 사도 바울은 말씀한다.

"그가 어떤 사람은 사도로, 어떤 사람은 선지자로, 어떤 사람은 복음 전하는 자로, 어떤 사람은 목사와 교사로 삼으셨으니 이는 성도를 온전하게 하여 봉사의 일을 하게 하며 그리스도의 몸을 세우려 하심이라"(엡 4:11~12)

우리가 잘 세워져야 하는 이유는 온전하게 되어 봉사의 일을 하기 위함이며, 결국 그리스도의 몸을 세우기 위함이다. 달리 말하면 주님의 몸 된 교회를 세우기 위해 성도가 세워져야 한다는 의미이다.

지금까지 교회에 대한 다양한 정의가 있어 왔다. 루터(Martin Luther)는 믿는 신자들의 공동체로, 칼빈(John Calvin)은 택함받은 사람들의 모임으로, 본회퍼(Dietrich Bonhoeffer)는 거룩한 성도들의 공동체로 각기 교회를 설명했다. 그 정의가 무엇이든 한 가지 사실만은 일치한다. 교회는 부름받은 이유와 사명이 있다는 것이다. 그것을 위해 교회는 한 사람을 세운다. 교회가 한 사람을 세우기 위해 애쓰고 수고하는 이유는 그 한 사람이 세워져야 그다음 한 사람이 세워지기 때문이다. 교회는 건강한 세움의 교육 공동체가 되어야 한다.

이를 위해 성도 한 사람 한 사람에게 주의 말씀을 교육하는 일이 필요하다. 어린아이는 저절로 크지 않는다. 부모의 교육을 통해 세상을 어떻게 살아가야 하는지 배운다. 교회 역시 마찬가지다. 처음 공동체에 찾아온 사람에게 복음을 전해야 하

우리는 날마다
교회가 무엇인지
묻는다

고 교육해야 한다.

고린도전서 13장 11절은 말씀한다. "내가 어렸을 때에는 말하는 것이 어린 아이와 같고 깨닫는 것이 어린 아이와 같고 생각하는 것이 어린 아이와 같다가 장성한 사람이 되어서는 어린 아이의 일을 버렸노라" 자라지 않으면 어린아이로 머무른다. 교회가 세워지지 않는 이유는 성도가 어린아이의 자리에 머물러 있어도 교육하지 않아서 그렇다. 장성한 사람으로 자라지 못하면 교회는 일꾼이 없다.

세움의 교육 공동체로서 교회는 성도를 장성한 사람이 되도록 교육해야 한다. 초대교회는 세례를 받고 성찬식에 참여하는 정회원이 되려면 철저한 신앙 입문 과정을 거쳐야 했다. 그 기간이 3~5년이다. 세례를 받기 전부터 교육이 있었다. 카타콤 예배 공동체의 일원이 되기 위한 교육도 있었다. 오늘날 우리의 신앙으로는 이해하지 못할 일이나 이 과정이 교회의 거룩성을 지켜 내는 비결이었다. 세움의 공동체로서 한 사람이 어떻게 세움의 과정을 시작하는지를 보여 주고 있다.

그뿐만 아니라 교회는 성도의 온전한 교제가 있을 때 세움 공동체로 자라 간다. 예배는 한 말씀을 듣는 것으로 끝나지 않는다. 서로 떡을 나누고, 서로 필요를 채워 주며, 서로 들었던 말씀을 함께 되씹는 성도의 교제가 필요하다. 교회는 건물이 아니라 하나님의 말씀이 있고, 말씀대로 살아가는 성도의 삶이 있는 곳이다. 교회는 예수를 주로 고백하는 자리이다. 소그룹 모임을 통해 말씀을 나누는 공동체가 교회인 것이다.

종종 성도들 사이에 구설수를 막기 위해 성도의 교제 자체를 금기시하는 교회가 있다. 이것은 관리 시스템이 가동하는 것이지 소통하는 교회일 수 없다. 서로 나눌 때 말씀이 더 풍성해진다는 사실을 놓치고 있다. 교회가 살아 있는 주님의 전이라면 성도들이 서로 삶을 나누고, 말씀으로 격려하는 교제가 이루어져야 한다. 서로를 통해 배우고 성숙해지는 것이 하나님의 방법이며, 교제를 통해 서로 자라는 것이 하나님 나라의 원리이다.

은혜는 나눔이 필요하다. 은혜와 사랑은 개인의 일이 아니라 한 공동체 안에 있는 관계적 언어이다. 서로 나누는 모임을 통해 은혜가 지속되고 커지는 관계가 교회이다. 그래서 듣기만 하는 말씀이 아니라 각 사람을 세우는 말씀으로 서로 나누어야 한다. 세움의 공동체가 지향해야 하는 이유다.

교회 안에
작은 교회

목회자가 개척 목표를 마음껏 펼치기는 쉽지 않다. 목회자의 신학이 성경을 기반으로 하고, 실천 대안으로서 본질을 찾아가는 일이라면 몇 배의 수고가 있어야 한다. 교회를 개척하

우리는 날마다
교회가 무엇인지
묻는다

는 일도 어려운데 교회가 교회를 세우고, 목회자가 목회자를 세우는 노력을 시도하기란 결코 쉽지 않았다.

하지만 교회를 개척하기 전에 작은 교회 목회자를 섬기고자 연구소가 세워졌다. 이것의 첫 모판은 '교회 안에 작은 교회 (Ecclesiolae in Ecclesia)' 운동이었다. 동역하는 교역자들이 서로 수평적으로 바라보며, 작은 교회 담임으로서 목회하도록 격려하고 세워 가려는 노력이었다. 이것은 서로를 향한 신뢰와 성실성이 전제될 때 아름다운 열매가 될 수 있다.

교회는 마가의 다락방에 모여 예수 그리스도의 다시 오심을 기다리는 사람들을 통해 시작되었다. 그들은 예수의 삶과 사역과 죽음과 부활을 보았다. 다시 오신다는 주님을 기다리던 사람들의 모임이 교회의 시작이었다. 그들의 신앙고백 위에 교회는 세워진 것이다. 그들이 품었던 복음은 각 지역으로 퍼져 가게 되었고, 고난과 핍박이 심할수록 더 주변부로 옮겨졌다. 그 변방에 세워진 교회는 누군가의 가정이었다. 이것은 눈에 드러나는 일부일 뿐, 초대교회는 카타콤에 모여 눈물겨운 예배를 드렸다.

우리는 지역 교회에 지방의 이름을 붙이지만, 초대교회는 누군가의 이름을 붙여 교회라 부르곤 했다. 볼프강 짐존 (Wolfgang Simson)은 가정 교회를 설명하면서 신약의 교회는 그 수가 15~20명 정도에 이르면 유기체 세포처럼 분열을 통해 옆으로 배가했다고 말한다. 다시 말해 성도가 살아가는 한 가정이 교회였다.

오늘날 교회는 대형화되면서 회사의 부서 개념이 들어오게 되었다. 교육부, 선교부, 봉사부 같은 부서로 나뉘고, 관리자를 부장, 팀장 등으로 부른다. 교회가 유기체적 생명 공동체라는 사실을 믿는다면 그것이 한 부서가 아니라 한 교회임을 알아야 한다.

신자 한 사람이 거룩한 하나님의 성전인 것처럼, 성도가 머무는 가정이 한 교회이다. 아돌프 하르낙(Adolf Harnack)은 기독교인 가정에서 손님을 접대하던 전통이 기독교가 확장되는 데 가장 큰 기여를 했다고 주장한다. 한 가정이 교회로서의 역할을 감당했던 것이다.

교회의 세속화를 막기 위해 일어났던 수도원 운동은 공동체 형태의 교회로 존재했고, 종교개혁 역시 교회의 본질적인 모습을 회복하려는 노력이 있었다. 종교개혁 이후에는 독일의 경건주의 운동, 존 웨슬리의 감리교 운동 등이 있었다. 이들의 노력은 교회 안에 작은 교회를 회복시키는 데 일조하였다. 교회 안에 있는 많은 조직들을 부서의 개념보다 교회의 개념으로 이해하려고 하였다.

하늘땅교회에는 영유아교회, 어린이교회, 젊은이교회, 호산나교회, 마리아교회, 바울교회, 청춘교회라고 불리는 교회가 있다. 연령에 따라 나눠진 것이지만 관리 부서가 아니라 유기체적 생명 공동체로서 교회 안에 작은 교회로 세워져 가고 있다. 각 교회는 목회자나 리더가 있고 그 안에서 저마다 선교, 교육, 봉사가 충분히 이루어진다. 주일이면 한자리에 모여 한 말씀을 먹고 나누면서 저마다 자라 가는 각 교회이다.

교회가 건물에 갇히지 않으려면 교회가 무엇인지 이해해야 한다. 우리는 자신이 교회라는 사실을 늘 입술로 말하지만, 실제로는 교회를 조직으로 이해하고 있는 것처럼 보인다. 세상 사람들로 하여금 교회를 사업체처럼 바라보게 했다. 그렇다면 담임목사는 CEO란 말인가. 교회 성장의 척도를 숫자에 맞추다 보니 회심한 신자 한 사람을 세우는 교육은 뒷전이 되었다.

교회의 본질을 찾기 위한 첫 번째 몸부림은 바로 나를 교회로 보는 것이다. 내가 교회이고 당신이 교회이고 우리가 교회이다. 우리는 어느 곳에 있든지 교회로 부름받았고 어느 자리에 있든지 한 교회로 세움받은 것이다. 이것이 선교적 삶이며, 선교적 사명이다. 왜 어린아이를 관리 대상자로 보려고 하는가? 관리 대상자가 아니라 이미 우리 안에 없으면 안 되는 하나의 교회이다.

건물을 세우려면 벽돌이 필요하고, 교회가 세워지려면 성도들이 있어야 한다. 그 성도들을 통해 교회는 온전한 그리스도의 몸으로 세워진다. 성도 한 사람 한 사람이 없다면 다 같이 무너지고 마는 소중한 존재들이다. 그래서 온전한 교회로 세워지도록 서로 권면하고, 격려하고, 사랑해야 한다.

하늘땅교회도 처음에 이런 교회론을 온전히 이해하지 못해서 어려움을 겪었다. 동역하는 교역자들이 '공동 목회'와 '교회 안에 작은 교회'를 이해하는 데 시간이 걸렸다. 흔히 좋은 사역자란 한 부서를 부흥시켜 성도 숫자를 늘리고 담임목사에게 충성하는 사람으로 여기곤 하는데, 자발적 사역과 공동 목회를 지향하다 보니 어떻게 성과를 내야 하는지 어려워 했다.

하지만 시간이 흐르고 교회의 본질을 알게 되면서 사역이 시작되었다. 이것은 몇 년 동안 함께 살아가면서 함께 배우고 익혔기 때문이었다. 그제야 "목사님, 교회 안에 작은 교회가 무엇인지 알게 되었어요"라고 고백할 수 있었다.

교회 안에서 서로 귀하게 여기는 마음을 잃지 않으려면 기도가 얼마나 중요한지 모른다. 그래서 우리는 사모님들까지 늘 함께 저녁 기도를 한다. "교회, 높은 자가 낮아져야 들어올 수 있는 곳이며, 낮은 자가 들어와 높아지는 곳이다"라고 했던 필립 얀시(Philip Yancey)의 고백을 적용하며 살아간다. 나 역시 비로소 이해하게 되었다. 예수 그리스도 때문에 높은 자는 낮아지고 낮은 자는 높아진다는 하늘의 원리이다.

우리는 날마다
교회가 무엇인지
묻는다

어린이의 교사는
어린이

교회를 개척하면 대다수 목회자들은 다음 세대를 세우고 싶은데 교사가 없다고 한다. 교사를 할 만한 청년도 없다. 어떤 면에서 이해가 되기도 했지만 내 생각을 바꾸는 계기가 있었다. 초대교회 카타콤에서 어린이들은 누가 교육을 시켰을까? 부장이나 교사가 따로 있는 것이 아니었을 것이다. 교사는 부모였다. 가정에서 이루어지는 교육이 오늘날 주일학교의 원형이다. 또한 형이나 누나가 그 몫을 감당하기도 했을 것이다.

오늘날 조직 문화에 익숙한 우리의 사고로는 어려운 일일 것이다. 그럼에도 다음 세대 아이들을 세우려면 반드시 주일학교가 살아나야 한다. 그 숫자가 한두 명에 불과하다고 해도 교사가 필요하다. 그 구조를 바꿔 볼 필요가 있다.

또래 문화를 이해하면서 주일학교를 시작할 수 있는 아이디어를 얻을 수 있었다. 또래 중에 교사 역할을 할 리더 한 명을 세우는 것은 어떨까? 이것이 반전이었다. 오래전부터 1세기 초대교회를 연구한 결과이기도 했다. 하늘땅교회는 토요일에 또래 리더를 위한 비전스쿨을 운영하고 있다. 덕분에 지금까지 교사가 없어서 주일학교를 못 한 적은 없다. 열정이 지혜가 되어 새로운 아이디어를 떠올릴 수 있었다.

한번은 시골에서는 어떻게 주일학교를 해야 하냐는 목사님이 있었다. 함께 고민하다가 몇 달이 지나서 아이디어가 떠올랐다. 그 지역에는 20여 교회가 있는데, 목회자 자녀부터 성도들 자녀까지 모두 30여 명이라고 했다. 지역 내 교회의 모든 아이들이 한 교회에 모여 주일 오후 3시에 주일학교를 여는 방법을 제안하게 되었다.

그렇게 주일학교가 문을 열고 모두의 고민이 해결되었다. 이것은 지역 목사님들에게 새로운 도전이 되었고, 다른 사역도 연합하면 못 할 것이 없다는 사실을 배우는 계기가 되었다. 혼자서는 할 수 없어도 함께하면 할 수 있는 것이 하나님 나라 아닌가.

아이들이 어떻게 교사 역할을 할 수 있겠냐고 묻는 분들도 있지만, 실제로 운영해 보면 어른 이상으로 잘한다. 발표와 논술, 자기 생각을 나누는 교육을 이미 학교에서 받은지라 솔직하게 잘 표현한다. 아이들은 교회의 관리 대상이 아니라 한 영혼이다. 생명이 있기에 그들도 자기 언어로 자기 형편에 맞추어 나누고 점검할 수 있다. 주일 오후에 보고서를 보면 그저 대단하게 느껴진다. 심지어 토요일에 소그룹 친구들에게 연락해서 왜 못 왔는지를 기록해 놓았다. 이런 보고서를 살펴보면 내가 결석한 아이들에게 한 번 더 전화할 수 있다.

또래 모임의 리더들이 교사 역할을 하면서 어린이교회는 날마다 부흥이 될 수밖에 없다. 주일학교가 아름답게 세워져 가니 지역 사회에 좋은 소문이 난다. 물론 어른들이 그저 내버려 두는 것은 아니다. 다만 기존 방식대로 어른이나 청년들이 나서지 않고, 또래 모임의 리더가 교사 역할을 하도록 교육하고 최선을 다해 돕고 있다.

지금의 교회 현실에서는 무엇을 해도 안 된다며 절망하지만 내겐 '아직 꺼지지 않은 하나님의 등불이 있다'는 믿음이 있다. 그것은 사무엘 같은 자녀들을 세우는 일이다. 아무리 현상 유지의 중요성을 말한다고 해도 교회에 미래가 없다면 안타까운 일이다. 고령화라는 말은 출산율과 관련이 있다. 자녀 세대의 출산이 저조하기에 기성세대의 고령화는 당연할 수밖에 없다.

생명의 족보를 소개하는 성경은, 누가 누구를 '낳았다'라는 말이 많이 나온다. 단순히 육신의 족보만을 의미하는 것이 아니라 영적으로 자녀를 낳았다는 의미이다. 지금 교회에 필요한 것은 믿음의 자녀를 낳는 일이다. 여기저기서 절망적인 어두움을 말하지만 하나님의 등불이 여전히 남아 있음을 아는 교회와 목회자는 무엇에 헌신해야 하는지 놓치지 않는다.

우리 자녀들을 세우지 않으면 교회는 결국 사라진다. 건물만 남은 교회에서 예수 이야기, 신앙 이야기가 끊어지는 것이다. 신앙의 유산이 더 이상 전수되지 않는다. 그래서 다음 세대를 세우는 일은 지금 해야 할 일이다. 아이들이 일찍이 말씀을 배운 경험이 있다면 반드시 주께로 돌아오게 되어 있다. 방황하고 인생이 절망스러울 때 붙잡아야 할 것이 하나님이심을 알게 된다.

학교 운동장에는 언제나 혼자 있는 아이들이 있었다. 그 아이들과 축구를 하기 위해 5년 동안 한 번도 쉬지 않고 나갔다. 운동을 마치면 라면을 끓여 함께 먹었다. 그 아이들로부터 하늘땅교회가 시작되었다. 모두 어린아이들이었다. 이 아이들은 어려서부터 교육을 받으면서 주체적인 신앙인으로 자랐다. 아이들은 교회의 관리 대상자가 아니었고, 언제든지 참여하고 함께하면서 신앙 훈련을 해 왔다. 그들이 대학생이 되어 우리의 기쁨이 되었지만 각자 어렵던 시절 말 못 할 사연들이 있었다. 그래도 교회 때문에, 어린이교회 예배가 있고 소그룹 모임이 있었기 때문에, 어린아이들이 대학생으로 성장하면서 하늘땅교회도 함께 성장했다.

목회의 생명은 사람의 변화에 있다. 교회를 통해 세워지고 하나님의 일을 감당하는 아이들을 수없이 보게 되면서 그 일이 계속될 수 있었다. 교회는 교회를 낳고 생명은 생명을 낳는다는 정신으로 세워 가고 있다.

아이들은 자기 생각을 교회 안에서 표현하고 발표하면서 성장했다. 이미 어른이 되어 신앙 훈련을 받은 경우와는 판이하게 달랐다. 자유로운 회의 문화를 경험하면서 자란 아이들에게 경직된 회의는 존재하지 않았다. 아이들 스스로 친구들을 이끌고 나누고 가르치는 교사가 되어 갔다. 그래서 공동 회

우리는 날마다
교회가 무엇인지
묻는다

의 때 아이들의 소리를 귀담아듣게 된다. 아이들이 하나님의 백성, 주님의 제자로서 멋지게 걸어갈 수 있도록 응원하고 격려하는 일이 하늘땅교회의 또 하나의 사명이다. 아이들을 위해 교회가 이전하고 새로운 일도 시작하고 있다. 교사가 없다고 어린이교회를 하지 못하는 것이 아니다. 생각을 조금만 바꾸면 얼마든지 가능하다.

해피문화센터

목회자 누구나 그러하듯 한 영혼을 세우기 위해 부단히 노력했다. 이웃에게 다가가기 위한 노력도 빼놓지 않았다. 하늘땅교회가 해피문화센터를 개설한 이유이기도 하다. 찾아오는 교회만이 아니라 찾아가는 교회가 되고자 했다. 자연스럽게 교회 담장 너머 우리가 살아가는 일상에 예배가 있고, 말씀이 있고, 사랑이 있는 선교적 삶이 강조될 수 있었다.

오산이라는 도농 복합 지역에서 교회를 개척하며 무엇을 할 수 있을지 많이 고민했다. 가난한 이웃을 위한 수제비 목회도 생각해 보고, 자연 생태계 학교에 대한 꿈도 있었다. 무엇이든 하나님이 열어 주시는 대로 순종하고자 했다.

가정에서 가족 독서 교실을 시작했고, 한 주 동안 동화책을 읽고 토요일이면 몇 가정이 모여 독서 나눔을 했다. 처음에는 우리 가정에서 모임을 진행하다가, 그 다음에는 열린 마음으로 자원하는 가정에서 모임을 이어 갔다. 맥스 루케이도(Max Lucado)의 『너는 특별하단다』를 읽었던 기억이 생생하다. 한 자매가 눈물을 왈칵 쏟아 냈다. 방과 후 함께 축구하며 놀던 아이의 엄마로 가족 독서 교실을 찾은 자매였다. 그녀는 아픈 상처로 자존감이 한없이 낮아져 있었는데, 책을 통해 자신이 얼마나 특별한 존재인지 깨달았던 것이다. 영적 회복이었다. 그렇게 독서 교실을 통해 두 가정을 성도로 맞이하게 되었다.

독서 모임은 책만 읽은 것이 아니었고, 하늘땅농장도 운영했는데 하나님 아버지의 마음을 알려면 흙을 만져야겠다는 생각에서 출발했다. 이것은 4주간의 자연 탐방 교실로 이어졌고, 이웃과 교제의 통로가 되면서 역사 탐방 교실, 기타 교실, 냅킨 아트 교실, 아가 교실, 인생 상담 학교 등으로 확장되었다. 대안학교의 모델이 될 만했다. 모든 과정을 마치는 수료식에서 활동 사진들을 영상으로 만들어 상영했는데, 초대받은 부모들이 흐뭇해하는 모습을 볼 수 있었다. 더러는 교회에 등록하는 학부모도 있었다.

교회가 아이들에게 형 누나가 되어 주고, 가족이 되어 놀아 주는 일은 소중한 사역이 될 수 있다. 이웃들이 얼마나 고마워하는지 모른다. 교회마다 한결같이 거창한 꿈을 꿀 필요가 있을까? 이웃 사랑은 우리가 할 수 있는 하나님의 일이다. 최선을 다해 환대하고 함께할 수만 있다면 이보다 행복한 일이 없다.

해피문화센터의 본질은 '함께 이야기함'에 있다. 각 활동마다 내용이나 방법이 다르지만 서로 살아온 삶을 나눈다는 점에서는 같다. 최근에는 오산 인문학 강좌와 오산 독서 공동체를 만들어 운영하고 있다. 경기도 오산이기에 가능할지도 모르겠지만, 하늘땅교회가 한 사람 한 사람을 섬기고 만나는 일을 계속하고 싶다.

가끔 교회가 예배드리면 되지 문화 사역까지 할 필요가 있냐고 묻는 이들이 있다. 그럼에도 이웃과 관계 맺기의 소중함을 떠올린다. 반드시 전도를 목적으로 하려는 것은 아니다. 언젠가 그림을 보고 놀란 적이 있다. 예수님이 지우개로 경계선을 지우는 장면이었다. 제목이 〈Eraser Jesus〉였다. 사람들은 너무 많은 경계를 만들어 놓고 교회에 오라고 하는데, 정작 담이 높은 교회, 문턱이 높은 교회를 어떻게 가야 하는지 나도 모르겠다. 하늘땅교회의 본질 목회는 공동체로서 이웃에게 다가가는 것이다.

하나님은 우리의 방식이 아닌 하나님의 마음으로 다가가는 겸손을 요구하신다. 겸손은 우리 인생의 훈련 결과이다. 겸손함으로 이웃에게 다가가는 삶이 해피문화센터의 마음가짐이다. 모든 아이들이 한 번이라도 교회에 나왔으면 좋겠다. 아이들이 성장하면서 인생의 변곡점을 만났을 때, 누군가에게 받았던 사랑을 떠올릴 때, 하늘땅교회가 생각나면 좋겠다. 힘들고 지칠 때 교회에서 자기 삶을 정박하려고 하지 않겠는가.

역사
탐방

아이들과 함께 경복궁과 처인성을 다녀왔다. 특히 처인성은 토성이라 가을에는 참나무 낙엽이 쌓여 있어서 아이들이 뒹굴어도 다치지 않을 만큼 포근하고 푹신하다. 경기도 오산이라는 특성상 아이들에게 더 넓은 세상을 보여 주고 싶은 마음이 컸다. 늘 마음 가운데 우리 아이들이 역사라는 무대에 무임승차하지 않고 오늘의 역사 앞에 주체적으로 무엇을 할지 알기를 바랐다.

비록 세상사일지라도 연구하다 보면 그조차 하나님의 손길이 닿아 있다는 고백을 하게 된다. 헤롯이 세상의 주도권을 잡고 있는 것 같았지만 하나님이 예수님을 준비하셨던 것처럼 말이다. 아이들이 살아가면서 이 사실만 알아도 세상을 넉넉하게 살아 내리라는 믿음으로 역사 탐방을 시작했다. 보이는 현상이 전부가 아니기에 굴복하지 않고 당당하게 살아가는 아이들이 되도록 역사를 가르치고 보여 주는 일은 중요했다.

방학을 이용해서 이곳저곳 역사 탐방 교실 안내를 한다. 4주 과정으로 잘 준비하여 탐방한다. 기독교 유적지도 있다. 때때로 지역 교회와 연결하여 잠자리를 제공받기도 했다. 지금도 잊지 못하는 것은 수원부터 천안, 공주, 강경까지 다녀온 여

우리는 날마다
교회가 무엇인지
묻는다

행이다. 전도사님과 함께 미리 역사를 공부하고 가이드가 되어 역사 지식을 충분히 전달해 주었다.

그때마다 한 사람의 지도자가 얼마나 중요한지 알게 된다. 아이들에게 꿈을 심어 주는 일은 역사를 알게 하는 일이다. 지금 살아가는 삶에서 무엇을 준비해야 하는지 아는 것은 너무 중요하다. 내가 머무는 자리에서 하나님의 백성으로서 하나님의 통치와 주권이 이루어지는 것을 목도하는 제자로 교회는 살아간다. 그래서 하나님의 운행을 아는 것은 너무 중요하다.

우리 아이들이 역사와 마주하는 삶을 살게 하는 것은 교회가 해야 하는 또 하나의 사명이다. 역사와의 만남 없이는 세상을 알 수 없다. 하나님의 운행하심을 알 수 없다. 역사의식을 가진다는 것은 살아가야 할 이유를 발견하는 전인격적 행동 양식이다. 답이 없는 세상을 살면서 답을 찾아가려고 몸부림치는 인간의 모습을 볼 때면, 역사를 알면 답이 보일 거라는 생각이 들 때가 있다. 한번은 부모를 잃고 헤어진 아이들이 원망 속에 사는 모습을 보았다. 물론 개척 때의 일이지만 아이들을 데리고 역사 탐방을 다니면서 발견한 한 가지는 삶의 이유를 발견한다는 것이다. 어쩌면 자기라는 껍질을 벗는 과정을 통과했는지도 모른다.

처음 오산에 내려왔을 때 아이들을 위해 시청 민원 게시판에 도서관 건립을 신청했다. 조금 무모한 일이었지만 한 사람의 인생을 위해 도서관이 세워지고, 그곳에서 책을 읽어 내고,

그중에서도 역사책을 읽는 일이 중요했다. 지금은 동마다 크고 작은 도서관이 있어 너무 좋다.

덕분에 개척 교회에서 자란 아들에게도 큰 혜택이 있었다. 교회 프로그램에 참여하는 혜택이다. 한번은 아들이 물었다. "아빠, 우리는 왜 여기저기 다니는 거예요?" 지금 생각해 보면 어린 아들에게 조금은 어려운 대답을 한 것 같다. "응, 그건 진짜 만남은 역사와의 만남이기 때문이야." 지금은 그 말의 의미를 이해하게 된 아들이지만, 그래서 자기 걸음으로 인생을 만들어 가고 있지만 꽤나 어려운 숙제였을 것이다.

아이들의 역사 탐방은 그것으로 끝나지 않는다. 탐방을 다녀오면 부모님을 초대하여 아이들이 발표를 한다. 아이들이 느끼고 배운 것이지만 어떤 면에서는 어른 이상의 이야기를 한다. 그때마다 교회에 대한 고마움을 표하고, 여기저기 다니면서 좋은 소문을 내 주고, 그것도 모자라 옆집에 이사 온 이에게 '진짜 교회는 하늘땅교회'라고 광고도 해 준다. 비록 불신자이지만 그것이 하나님께로 가는 시작이라면 역사 탐방을 통한 하나님의 일은 벌써 시작된 것이다.

하루는 이웃에 사는 한 아버지가 아들이 학교생활에 흥미가 없다며 교회에서 좀 만나 줄 수 있냐고 찾아왔다. 정서적으로 조금 불안정한 아이였다. 그래도 방학 내내 교회에서 함께 먹고 자면서 우리와 금방 친해지고 자기 인생길을 찾아갔다. 지금은 멋진 주방장이 된 아이에게 당시 해 준 것은 함께 역사 탐방을 간 것뿐이다. 물론 그것이 직접적인 도움이 되었다고 단언할 순 없지만 그 후 아이는 학교를 잘 다니게 되었고 역사 공부도 잘하게 되었다는 이야기를 들었다. 우격다짐 대신 보여 주는 교육이 중요하다. 본 만큼 아이는 자란다.

하늘땅농장

요한복음 15장 1절 "나는 참포도나무요 내 아버지는 농부라"라는 말씀을 늘 마음에 두고 살았다. 부모님이 농사를 짓는 필부필부(匹夫匹婦)이시니 더 그런 생각이 들었을 것이다. 그래서 목회는 곧 농사짓는 일이라고 생각했고, 씨를 뿌리고 열매를 거두는 일이기에 의미 있다고 생각했다. 교회를 개척한 뒤 이런 뜻을 실천하려고 주변에 주말농장 분양하는 곳을 수소문하여 농사를 짓기 시작했다. 물론 이것도 누구나에게 열려 있는 시간이다.

어떻게 이웃과 소통할 수 있을까? 이것이 늘 마음속에 맴도는 질문이다. 이 물음에 답하는 것이 목회인 것 같다. 처음 믿는 신자들을 만나는 데 관심이 많은지라 날마다 병원으로, 학교로, 지역 기업체로, 신우회로 열심히 복음을 전하기 위해 고민한다. 접촉점을 다양하게 만들어 가는 것이 어렵지만 교회 안에 은사가 있는 분들이 자원함으로 가능하다.

교회 담장이 낮아져 누구나 호기심을 가지고 접근할 수 있도록 만들어 주는 것도 우리의 의무다. 지금 하늘땅교회에 나오는 성도들은 대부분 처음 신앙생활을 하는 분들이다. 그래서 행복하다. 한 사람이 변화되고 그 가정이 다 예수를 믿고 성도가 되는 것을 보니 경이롭다.

오늘날 교회가 잃어버린 것이 많다. 그중에 하나가 안식이다. 안식은 자연 속에 나올 때 더욱 의미 있다. 흙을 만지는 공동체를 꿈꾸며 시작한 하늘땅농장은 계속해서 도시 공동체로 살아가는 하늘땅교회가 또 하나의 귀촌 공동체를 준비하는 밑거름이 되어 간다. 아이들을 자연 속에서 양육하고 싶거나 그 옛날 고향을 그리워하며 흙을 만지고 싶은 성도를 중심으로 새로운 귀촌 공동체를 세워 가려고 하나씩 준비한다. 한 마을에 들어가 교회가 가지고 있는 은사로 지역을 섬길 수 있다면 얼마나 좋을까. 대안학교도 세우고, 병원도 짓고, 마을 안에 더 깊이 들어가서 주어진 일들을 감당하고 싶은 마음이 너무 크다.

우리가 첫 만남을 꼭 교회라는 공간 안에서 할 이유는 없다. 그곳이 가게나 스포츠센터나 밭이어도 좋다. 지금은 은퇴하신 한 장로님은 농사를 지으셨는데, 밭으로 심방을 가서 일손을 도우면서 완전한 교회 식구가 되셨다.

예수님도 산과 들로 두루 다니면서 복음을 전하셨듯, 우리도 눈을 열고 생각을 달리하면 모든 곳이 영혼을 만날 수 있는 곳이다. 차를 운전하다가 우연히 신호등에 함께 멈춰 선 차량을 보니 창문을 내린다. 눈이 마주쳐 그냥 인사만 했을 뿐인데 감사하다고 오히려 더 크게 인사를 한다. 사람에 대한 따뜻한 마음만 준비되면 그곳이 밭이어도 하나님은 일하신다.

개척한 지 얼마 되지 않아 한 해 동안 아이들과 부지런히 농사지은 배추 200포기를 어떻게 할까 고민하다가 하늘땅농장에 온 아이들 가정에 몇 포기씩 보내고 독거노인을 위해 김장하는 사회복지관에 기증을 했다. 그런데 복지관에서 다시 방문해 달라고 하는 것이 아닌가. 기념사진을 찍자는 것이다. '작아도 나눌 수 있다'라는 것을 보여 주려는 취지였다.

며칠 후 지역 신문에 기사화되었다. 하늘땅교회가 빈 창고에서 예배할 때였는데, 부끄럽기 그지없는 일이었으나 교회에 문의 전화가 오기도 했다. 비록 건물 없는 교회였지만 지역 사회에 나눌 수 있는 기회가 있어서 감사했다.

하늘땅농장은 아이들이 흙을 만지고 땀을 흘리며 전인격적으로 농부 되시는 하나님을 알아 가길 바라는 마음으로 시작했다. 이 일을 통해 보다 많은 아이들이 교회를 알게 되었고 교회 안에 있는 크고 작은 행사에 초대하면서 더러는 성도가 되기도 했다.

한 사람의 신자가 세워지는 영광은 어디서 어떻게 이루어질지 모른다. 상황에 관계없이 지역과 더불어 살아가는 공동체로서 더 낮은 곳으로 눈을 돌리면 주님이 하실 일들이 무엇인지 보인다. 그러면서 무슨 일이든지 마음의 문제라는 것을 깨닫게 되었다. 우리의 마음이 중요하다.

부모가 바쁜 아이들은 방과 후 학교를 다녀와도 혼자 있을 수밖에 없다. 그러한 아이들과 함께하고 싶었다. 잠깐이라도 함께 놀아 줄 수 있는 친구 같은 교회가 되길 바랐다. 그래서 하늘땅농장을 시작하기도 했다. 가끔 길에서 이제는 성인이 된 아이들을 만난다. 그때마다 반갑게 감사 인사를 한다. 그들의 기억 속에 하늘땅농장이 남아 있는 것이다. 아니, 주님의 사랑이 그의 가슴 언저리에 머물러 있다고 믿는다.

성경

꿰뚫어 읽기

그동안 설교에 기대어 신앙생활을 한 것은 아닌지 물어야 한다. 아무리 좋은 설교를 듣는다고 해도 성경 자체보다 정확한 설교는 없다. 그렇다면 설교를 듣는 것 이상으로 말씀 먹는 훈련을 해야 한다.

사도 바울은 디모데에게 성경이 성령의 감동으로 된 것이라 강조하며, 성도가 성경을 읽어야 하는 이유를 네 가지로 밝히고 있다. 첫째, 구원에 이르는 지혜를 준다(딤후 3:15). 둘째, 교훈과 책망과 바르게 함과 의로 교육하기에 유익하다(딤후 3:16). 셋째, 하나님의 사람으로 온전하게 한다(딤후 3:17a). 넷째, 모든

우리는 날마다
교회가 무엇인지
묻는다

그가 어떤 사람은 사도로, 어떤 사람은 선지자로,
어떤 사람은 복음 전하는 자로,
어떤 사람은 목사와 교사로 삼으셨으니
이는 성도를 온전하게 하여 봉사의 일을 하게 하며
그리스도의 몸을 세우려 하심이라

엡 4:11~12

선한 일을 행할 능력을 갖추게 한다(딤후 3:17b).

하나님은 우리에게 성경을 주셨다. 성경책의 능력이 아니라 그 말씀을 가지고 살아가는 성도의 삶이 능력이다. 성경이 먼지 쌓인 침묵의 책이라면 무슨 유익이 있겠는가. 목회자로서 성경을 읽는 데 많이 부족하다. 가만히 앉아 약속된 말씀을 읽고 하루를 살아 내기가 쉽지 않다. 그렇다면 성도들은 어떠하겠는가. 날마다 말씀을 상고(詳考)하며 살아가기도 하겠지만 말씀의 능력을 경험하기가 쉽지 않다.

한국 교회가 비대해서 더 이상 날지 못하게 된 것은 읽는 말씀, 듣는 말씀, 지켜 내는 말씀이 부재하기 때문이다. 그래서 스스로 약속한 것이 있다. '인기에 연연하지 말자. 숫자에 속지 말자. 사람의 눈을 의식하며 비교하지 말자. 그리고 다른 일보다 말씀 읽고 먹는 사역에 집중하자'고 했다.

매달 셋째 주는 성경 꿰뚫어 읽기를 했다. 복음서와 서신서, 예언서, 모세오경 등 스토리텔링이지만 신학 개론에 해당하는 이야기를 개괄적으로 나누기로 했다. 그리고 나면 성경을 스스로 읽고 싶어지고, 대부분 성경 일독을 하게 된다. 날마다 주님이 주시는 만나를 먹는 훈련이었다. 묵은 만나로 과거를 회상하며 신앙을 추억하는 것은 건강하지 못하다. 분명 여기까지 인도하신 은혜를 기억해야 하는 것은 예배의 중요한 요소이나 기억(remember)에 머물러서는 안 될 것이다. 오늘 삶에서 재현(remembrance)해야 한다. 그것이 살아 생동하는 신앙이다.

성경을 통독하고 싶어도 레위기에서 멈추는 경우가 많았다. 그림을 통해 전체를 보여 주는 일은 목회자의 몫이었다. 일목요연하게 종이 한 장으로 신구약의 역사를 이해하도록 하고, 전체 흐름이 생소하면 찾아볼 수 있게 해야 했다. 어떻게 하든지 말씀을 문자로 보거나, 단편적으로 끊어 짜 맞추기식으로 묵상하게 해서는 안 될 일이었다.

성경이 우리에게 들려지기까지 1세기 그리스도인들의 공동 읽기가 있었다. 예수 시대 지중해 세계에 존재하는 온갖 사람들은 자신의 것과 다른 이들의 것을 사람들 앞에서 큰 소리로 읽곤 했다. 그리스도인의 경우도 히브리 성경을 정기적으로 읽었으며, 그들 자신이 쓴 문헌도 같은 방식으로 읽었다. 공중 앞에서 소리 내어 읽는 일은 흔한 일이었다. 어쩌면 예수 시대 기독교 전승은 공동 읽기를 통해 그 흔적이 남아 보존되어 우리에게 전승되었을 것이다.

우리 역시 함께 말씀을 읽고 먹고 마셔야 한다. 교회가 많은 프로그램으로 인해 지쳐 있다. 사실 프로그램 중에는 교회와 상관없는 것도 많다. 재미와 유익을 주는 것은 좋지만 그것이 본질로 둔갑되어서는 안 된다.

사도 바울은 에베소교회를 떠나면서 교회의 지도자가 되는 장로들에게 부탁한다. "그러므로 여러분이 일깨어 내가 삼 년이나 밤낮 쉬지 않고 눈물로 각 사람을 훈계하던 것을 기억하라 지금 내가 여러분을 주와 및 그 은혜의 말씀에 부탁하노니 그 말씀이 여러분을 능히 든든히 세우사 거룩하게 하심을 입은 모든 자 가운데 기업이 있게 하시리라"(행 20:31~32) 그는 교회를 "주와 및 그 은혜의 말씀에 부탁하노니"라고 했다. 교회가 말씀 위에 서야 하는 공동체라는 의미다. 그러니 교회 사역의 최우선 순위는 말씀을 먹고 마시고 나누는 것이어야 한다.

우리가 무엇을 하든지, 말씀이 내 발의 등이 되길 바라는 마음이 크다. 칠흑같이 어두운 밤길을 걸어 보면 빛의 소중함은 더욱 실감된다. 바로 오늘 이 시대가 그렇다. 세상의 조명 불빛은 밤낮없이 밝지만 우리의 영안은 가리워져 보지 못하고 듣지 못한다. 에스겔서는 이렇게 말씀한다. "그들은 볼 눈이 있어도 보지 아니하고 들을 귀가 있어도 듣지 아니하나니 그들은 반역하는 족속임이라"(겔 12:2) 또 찬송가 가사에 "외치는 자 많건만은 생명수는 말랐어라"라고 했다.

말씀은 태초부터 현재를 뛰어넘어 영원까지 함께하신다. 그렇다면 교회가 해야 할 일은 말씀을 알고 깨닫는 것이다. 매달 한 권의 복음을 알아 가고 호기심을 가지고 읽어 가는 일은 교회가 하나 되는 중요한 방법이다. 그 마음으로 하늘땅교회가 말씀을 기준으로 하나 되게 하는 훈련이 성경 꿰뚫어 읽기다.

최근 청소년 수련회에서 어떤 프로그램도 없이 요한복음을 다 읽고 나누는 시간을 보냈다. 그 자리에서 지금까지 교회를 다니면서도 예수님을 부인하던 아이가 인격적으로 주님을 만

우리는 날마다
교회가 무엇인지
묻는다

나 삶을 간증하는 짜릿함을 경험하기도 했다. 복음의 진리는 열려 있고 그 진리가 자신의 인생을 자유하게 해 주었다는 간증이었다.

자연
심방

교회는 왜 기존의 방식에 변화를 주지 않는가? 이것이 많은 사람들의 의문일 것이다. 또 새로운 대안이나 방식을 제안하는 것을 두고, 균열자로 오해받을까 걱정하기도 한다. 하지만 순종이라는 이름 아래 기존의 방식만 답습하는 것은 우리의 갈 길이 아니다. 좋은 것은 취하고 시대와 상황에 맞는 변화를 해야 하는 것은 교회의 몫이다. 가치를 지킨다는 의미에서 고집은 뚝심이기도 할 텐데, 반드시 다 좋은 것만은 아니다.

부교역자 시절, 오랜 시간 심방하면서 형식적이라는 생각이 들 때마다 마음이 편치 않았다. 하루에 열 집 넘는 가정을 대심방이라는 이름으로 앉았다 일어나기만 해도 바쁜 일정이었다. 심방이라면 그 집 사정과 기도 제목 정도는 알고 예배를 드려야 하는데, 그저 뻔하게 예배를 드리는 것에 불과했다. 지금은 그런 심방조차 드문 일이 되었지만 말이다.

교회가 건물 안에 갇히면 날개를 펴지 못하고, 비대해져서 더 이상 날지 못하는 것을 본다. 수많은 교회들이 길을 잃었다. 이 상황을 어떻게 헤쳐 가야 할지 모르는 교회는 문제가 더 크다. 대화해야 소통이 될 수 있다. 주고받는 행위를 넘어 사람을 사람답게 인정해 주는 과정이기 때문이다. 그런 면에서 굳건하게 정해진 건물 구조와 조직이라는 형식 안에서 새로운 성도, 새로운 생각을 가진 사람들이 속내를 이야기할 수 있을까? 쉽지 않을 것이다.

하늘땅교회의 자연 심방은 산과 들로 소풍을 가는 일이다. 새로 온 성도들의 마음을 여는 기회가 되기도 한다. 매달 마지막 주일에 믿지 않는 남편이 있는 가정은 오후 예배가 없으니 가정으로 돌아가 좋은 시간을 보내거나 가끔 야외 소풍에 초대하여 교제 시간을 갖는다. 누구나 오를 수 있는 평지로 소풍을 가는 편이다. 연세가 높거나 건강상의 이유로 움직이기 불편한 권사님, 장로님도 자연 속에서 안식하며 이야기 나누도록 모시려고 한다. 그 밖의 사람들은 가까운 산행을 다녀오기도 하고, 몸을 움직이는 간단한 레크레이션을 하기도 한다.

한바탕 웃고 쉬면 새로 온 분들이 자신의 살아온 삶을 이야기해 준다. 아픔을 뱉어 내는 시간이다. 이런 시간이 없다면 어떻게 가족처럼 목양할 수 있을까. 모두들 활발하게 즐길 때 한편에 앉아 자신의 삶을 이야기해 주면 고맙기도 하고 혼자 끌어안고 사느라 얼마나 힘들었을까 하는 마음도 든다. 더불어 성도들도 자연 속에서 만나니 마음 문이 활짝 열리고 서로

우리는 날마다
교회가 무엇인지
묻는다

를 알아 가게 된다.

우리가 하나님의 백성으로 자라는 데는 수많은 대화가 필요하다. 신앙의 교제는 우리를 세움 공동체의 지체가 되도록 만든다. 그래서 교회는 성도 안에 신앙의 교제가 일어날 수 있도록 장을 만들고, 더 잘할 수 있도록 도와야 한다. 우리가 먼저 말씀을 먹고, 우리 안에 먼저 교제함이 없으면 어떻게 들은 말씀대로 살아 내겠는가. 자신들이 먼저 들었던 말씀을 되새김질하면서 풍성한 은혜를 가지고 세상으로 나가야 기억나는 말씀, 생각나는 말씀으로 산다. 한 달에 한 번, 자연 심방을 나가면 그동안 하늘땅교회에 참여하며 받은 은혜를 나누는 성도들이 있다. 그때마다 자긍심도 생기고 더 겸손함으로 섬기게 된다.

교회 안에 많은 프로그램이 있겠지만 무엇보다 우리의 영혼이 자라는 것에 초점을 맞추어야 한다. 생색내기나 보여 주기식은 그만두어야 한다. 더욱 실제적이고 효과적인 만남을 위해 한 영혼의 삶에 들어가고 내 삶에 초대하는 시간, 그래서 서로 다른 세계를 경험하며 하나님의 일하심이 무엇인지 보는 시간이 신앙의 교제이다. 그것을 위해 마음의 문을 열도록 돕는 것이 교회라는 건물을 나와 자연 속에서 서로 대화하는 것이다.

남성들의 경우 자연 심방을 가서 가끔 운동을 하는데, 믿지 않는 남편들을 초대하는 절호의 찬스가 된다. 함께 땀을 흘리면 그 안에 내재되어 있던 열정이 쏟아져 나온다. 결국 아내와 함께 예배 자리까지 나온다.

이렇듯 자연 심방 시간은 효과적으로 우리를 하나로 모은다. 더욱이 잃어버린 교회의 추억을 다시 회상하게 만들며, 그 힘으로 멋진 신앙생활을 꿈꾸게 한다. 열방이 돌아온다고 말하지만 너무 많은 사람들이 교회를 떠나는 지금이다. 이때 우리는 더욱 마음 나눔을 적극적으로 할 수 있어야 한다. 그것이 자연 심방이다.

그러고 보면 어린이, 청소년, 청년들까지 전 세대가 움직이는 소풍이 매달 마지막 주에 있는 셈이다. 바쁜 시대를 살아가는 성도들이 자연 속에서 안식을 누리도록 돕는 일은 중요하다. 더욱이 코로나 시대를 지나면서 사람들은 더 많은 사역보다 안식을 중요하게 생각하고 더 진심이 담긴 교제를 원한다. 교회라는 것은 단순히 사람들의 모임이 아니다. 그 안에서 함께 살아가는 사람들의 이야기가 모인다. 누가 어떻게 살아왔고 하나님을 어떻게 만났는지를 아는 것은 한 가족으로 살아가는 우리에게 기도 제목이 된다. 성도의 교제는 듣고 흘려보내는 것이 아니라 더 기억하고 사랑하고 중보하고 응원하게 만든다.

하늘땅교회는 세대 차이가 없는 것처럼 살아간다. 서로서로 진심을 다해 알아 가고 이해하고 격려하며 마음을 다해서 기도해 준다. 아이들의 안부를 늘 묻는 어른이 있다는 것이 얼

마나 감사한지 모른다. 정말 교회가 가족처럼 느껴진다는 것
은 일생의 놀라운 혁명이다. 어디에서도 찾아볼 수 없는 놀라
운 신비가 교회 안에 있다. 서로 다른 사람들이 모여서 가족이
되는 놀라운 변화는 주님이 세상을 이처럼 사랑하신 하나님의
마음이다.

공동체가 함께하는 세례식

　이전의 내가 죽고 예수로 다시 태어나는 시간, 세례식은 참
영광스런 자리다. 설교 시간에 초대교회의 세례 이야기를 들
려준 탓인지, 하늘땅교회는 아직도 참석자의 절반 정도만 세
례를 받았다. 어찌 보면 세례를 귀하고 가치 있게 여기는 마음
일 수 있다. 또 한편으로는 세례를 받을 자격이 정말 없을 수
도 있다.

　우리는 구원의 조건이 아니라 은혜의 수단으로 세례를 받
는다. 세례의 진정한 의미는 이제 주님의 제자로 살겠다는 것
이며, 예수 그리스도 공동체의 일원이 되기로 결심했다는 것
이다. 설령 핍박과 어려움이 있어도 예수 그리스도를 따르는
신앙 공동체에서 떠나지 않겠다는 결단이다. 하늘땅교회 지체
들은 이런 세례의 의미를 알기에, 기꺼이 예수 그리스도를 따

르기로 결단하는 이들을 위해 선물을 준비하고 무엇보다 한 일원이 된 것에 대해 크게 기뻐해 준다.

　나와 같이 멍에를 멘다는 것의 의미가 무엇인지 알기에 세례받는 분들의 고백은 더욱 귀하다. 물론 아직 자격이 되지 않는다고 말하는 성도들도 있다. 그러니 한 명의 신자가 세워지기까지 긴긴 기다림이 교회 안에 있다. 강요가 아니라 스스로 믿음을 점검하고 주님의 은혜를 구한 끝에 맞이하는 시간이 세례식이다.

　교회에 등록한 성도들은 누군가의 세례식을 보면서 자연스럽게 세례를 준비하게 된다. 다만 시간이 흘러서 세례를 받는 것도 좋은 점이 있다. 그 교회를 알고, 신앙이 깊어져서 세례의 참 의미를 알고 받는 것이기에 좋다. 때때로 절기 행사 때 받거나 군대 가서 받는 경우도 있다. 물론 이것 또한 하나님의 계획하심이 있겠지만 세례가 형식적인 행사가 되는 것은 문제다. 예수로 다시 살겠다는 것은 이제 눈앞에 기다리는 십자가를 지겠다는 것인데, 자기의 신앙고백 없이 그저 형식적으로 받는 세례가 무슨 의미가 있을까.

　세례식은 퍼포먼스가 아니다. 그 의미를 새기고, 교회를 세우며, 하나님 나라를 생각하는 시간이어야 한다. 이것을 지켜보는 성도들에게도 은혜의 시간이다. 루터는 "죄를 극복해 주고 제거해 주며, 매일 새사람을 강건하게 하고 우리가 이 현대의 비참한 상태를 떠나 영원한 영광으로 옮겨갈 때까지 항상 남아 있는 것이 바로 세례다"라고 단언했다.

세례식 때 세례자가 성도와 하나님 앞에 신앙을 고백하고, 앞으로의 결단을 이야기한다. 유아세례의 경우는 부모가 자녀를 어떻게 키울지 아이에게 편지를 써서 읽는다. 그러나 세례는 공동체적 사건이기에, 동시에 함께하는 성도들에게도 '오늘 우리 공동체의 일원이 된 지체가 일평생 어려움을 당하거나 곤경에 빠지면 한 가족으로 여겨 함께 아파하고 책임지겠냐'라고 묻는다. 그때 성도들은 세례식이 세례자 한 사람의 일이 아니라 온 성도의 사건임을 알 수 있다.

먼저 세례받은 형제가 트럼펫 연주로 동생들의 세례를 축하하는 장면은, 그 어느 때보다 가슴이 벅차오르게 했다. 우리 가정에서 교회가 시작될 무렵 함께한 아이들이었는데, 먼저 세례받았다고 동생을 위한 축하 연주를 준비한 것이다.

초대교회에서 그리스도인이 되려면 철저한 세례 과정을 통과해야 했다. 누가 예수를 따르는 사람인지 판가름하는 것이 세례였다. 세례를 받기까지 오랜 시간이 필요하고, 확실한 신앙 문답을 거쳐 그리스도인으로 인정되어야 세례받을 수 있었다. 이 과정을 통해 한 사람의 그리스도인으로 탄생하며, 교회의 한 지체가 될 수 있었다.

세례받은 사람들은 카타콤 예배에 참석할 수 있었는데, 어디서든 말씀은 들을 수 있지만 성찬에 참여하려면 세례받은 정회원이어야 했다. 로마의 지배 가운데 예수 그리스도를 따르는 공동체의 견고함을 지켜 낼 수 있었던 것은 이렇게 세례 받은 성도가 있었기 때문이다. 이 같은 신앙 검증은 비록 어려운 관문이었지만 교회와 성도를 지키는 능력이 되었다.

하늘땅교회는 개척한 지 12년이 되었지만 아직 세례 교인이 많지 않다. 이쯤 되면 개척 초기 멤버들은 모두 세례를 받고 직분을 감당해야 하는데 아직 자격이 없다며, 회심을 경험하지 못했다며 더 기다리겠다고 한다. 그때마다 성도 한 사람이 하나님의 사람으로 세워지는 일이 얼마나 위대한지 생각하게 된다. 그래서 더 작은 교회를 지향하는지도 모른다. 느긋하게 영혼의 변화를 마주하기를 기다리게 된다.

하나님의 시선이 어디에 있는지, 크고 작음이 아니라 거룩함에 있음을 잊지 않는다. 건강한 교회는 하나님의 거룩성을 생명같이 여기고 그분을 따라 사는 기쁨을 맛보며 걸어가는 공동체다. 무엇보다 세례 문답 교육에서 세례의 참 의미를 깨닫고 주님의 몸 된 교회를 사랑하는 신자로 살아가는 영광을 누린다.

하마알
여름성경성품학교

교회 개척을 생각하면서 먼저 함께할 사람을 준비하고자

했다. 그래서 날마다 축구공을 가지고 운동장에서 아이들과 함께 축구를 했다. 아파트 놀이터 아이들과 초등학교 운동장에 있는 아이들과 함께 노는 일이 개척의 시작이었다.

오산으로 이사 온 지 얼마 되지 않아 젊은 도시라는 것을 알 수 있었다. 맞벌이 부부가 많았다. 그래서 학교를 다녀와 학원 한두 군데를 다녀오거나, 그렇지 않은 아이들은 놀이터에서 시간을 보내곤 했다.

하루는 한 아이가 놀이터에서 친구들에게 전화하며 한숨 쉬는 것을 보았다. 몇 명의 친구들에게 놀자고 했으나 모두 어렵다고 한 것이다. 시무룩한 모습이 딱해 함께 놀았다. 놀이터에서 놀다 보면 늦은 시간까지 집에 돌아가지 않은 아이들이 있었다.

심지어 주일에도 아이들은 함께 놀다가 우리 집에서 점심으로 라면을 먹었는데도 부모들은 기꺼이 허락했다. 또래 아이들이 우리 집에 있으니 그러려니 했다. 맞벌이의 고단함 때문이기도 했을 것이다. 주일에 율동을 하면서 찬양을 가르쳐 주면 아이들은 잘 따라 했다. 이렇게 하늘땅교회는 다음 세대 사역에 집중했다.

축구를 하며 모인 아이들로 인해 장소가 비좁아지자 8개월 만에 우리 가정의 아파트에서 나와 모일 장소를 찾기 시작했다. 40일 작정 기도 후에 허락된 곳은 새로 지어진 창고 건물이었다. 하나님의 인도하심이 없었다면 들어갈 수 없었을 것이다. 긍휼함이 필요할 때 주님은 10개월을 보낼 처소를 허락하셨다. 함께하는 집사님 내외도 만날 수 있었다.

아이들과 놀았을 뿐인데, 개척한 지 3년이 되면서 빚이 늘어나고 있었다. 그럼에도 주일이면 아이들 100여 명이 모여 시끌시끌했다. 다 감당하기에 역부족이었다. 그래도 아이들이 일찍이 하나님을 알고 복음을 알면 그보다 귀한 일이 어디 있을까. 당시 초등학생이 이제는 청년이 되어 하늘땅교회에서 자기 역할을 담당하고 있다.

아이들에게 가정 교육이 필요했다. 그래서 우리 집은 남자아이들, 집사님 댁은 여자아이들이 잠잘 수 있도록 공간을 확보하고 2박 3일간 첫 여름성경학교를 운영했다. 우리의 사정을 보고 승합차를 지원해 주는 분도 있었다. 그때부터 지금까지 하늘땅교회 여름성경학교는 '하마알 여름성경성품학교'라는 이름으로 꾸준히 운영하고 있다.

아이들은 하늘땅교회만큼 재있고 신나는 곳이 없다고 했다. 부모님을 초대하면 아이들이 교회에 다니면서 밝아졌다고 감사 인사를 하기도 했다. 아이들이 변화된다는 사실은 우리에게 큰 힘이 되었으며 계속 사역을 할 수 있는 원동력이 되었다. 아이들에게 소문을 듣고 하늘땅교회를 확인하려고 왔다가 교인이 되기도 했고, 동네 분들에게 소문을 듣고 찾아오는 사람도 있었다. 얼마나 감사하고 기쁜 일인지 모른다.

왜 여름성경성품학교일까? 아이들의 성품을 만져 주는 일

우리는 날마다
교회가 무엇인지
묻는다

이 중요했다. 가정이 무너져 방황하고 학교생활에 어려움을 겪는 아이들이 교회를 찾아오는 것을 보며, 교회가 최전방이라는 마음으로 아이들을 만난다. 이래서 안 되고 저래서 안 된다고 판단하기라도 하면 아이들은 갈 곳이 없다. 우리는 하나님을 닮은 성품으로 살아가야 하고, 그럴 때 온전한 인격이 된다. 이 사실을 알기에 성도들이 너도나도 자원하여 효과적인 사역을 펼친다. 다른 때는 몰라도 어린이교회 일에는 전 교인이 손발 벗고 나선다.

아이들도 소그룹 나눔이 잘 훈련되어 공과공부를 교사 중심이 아니라 아이들 중심으로 진행한다. 사춘기 시절 교회를 등지고 떠나는 일이 생긴다고 해도 교회는 변함없이 아이들을 기다리고 응원하고 돌아올 때까지 기도한다. 지금도 기도하는 아이들이 100여 명은 된다. 모든 아이들이 다 세워지는 것은 아니다. 하지만 한 명의 영혼도 놓치지 않기를 소망하며 끝까지 기도한다. 결국 어릴 때 맛보았던 주님의 사랑 때문에 다시 돌아와 결혼하고 일꾼이 되어 어린이교회 사역을 돕는 이들도 있다.

아이들은 연약하다. 그 연약함을 체휼하시는 하나님은 가장 약자인 아이들에게 먼저 다가가실 것이다. 교회 공동체 역시 가정이 깨지고 어두운 그늘 아래 살아가는 아이들이 웃을 수 있도록 신경 써야 한다. 오늘날 동네마다 세워진 교회가 아이들을 향해 관심만 기울여도 세상은 달라질 것이다. 나라가

할 수 없는 일이 있기에, 그 사각지대에서 진심 어린 만남을 통해 아이들을 돌보는 사역은 예수님이 칭찬하실 일이다. 더욱이 하나님을 닮은 성품의 소유자로 아이들이 변화되면 그만큼 세상은 밝고 따뜻해질 것이다.

새교우
사랑 나눔 모임

하늘땅교회는 누구든지 올 수 있는 공동체가 되길 소망한다. 누구나 와서 쉼을 얻고 안식을 누리면 좋겠다. 성도들을 많은 사역으로 내몰고 싶은 마음도 없다. 그저 주어진 말씀 따라 성장하고 성숙하면 좋겠다. 들은 말씀만큼 살아 내려고 몸부림치는 다섯 번째 복음서인 '그리스도인 복음서'로 살아가면 좋겠다.

우리 교회가 이렇다 저렇다 자랑하지 않고, 우리 신앙이 이렇다 저렇다 드러내지 않고, 자연스레 삶의 향기로 드러나는 신앙이 되길 바라는 마음이다. 행여라도 누군가 소문을 듣고 왔다고 이야기하면 두려움이 앞선다. 우리도 부족하기는 마찬가지이며 아직도 주님이 원하시는 교회가 되기 위해 몸부림치는 과정 중에 있기 때문이다.

이 땅에 존재하는 교회는 모두 불완전하다. 완전이 목표가

우리는 날마다
교회가 무엇인지
묻는다

아니라 주님을 닮아 가는 것이 목표다. 그러니 그 끝이 어디인지 알지 못하는 우리가 "건강한 교회를 세웠다"라고 장담하는 것은 교만이다. 바울은 에베소서를 통해 교회론을 다루었다. 교회가 무엇인지 말하면서 갑자기 5~6장에서는 가정에 관해 설명한다. 이렇듯 온전한 교회는 가정으로 연결된다.

사람들은 교회를 이 땅에 존재하는 하나님의 나라라고 믿지만, 사실 하나님의 통치가 선포되지 않으면 하나님의 나라일 수 없다. 우리는 그 통치 아래 있기 위해 애쓰고 수고하는 것이다. 주님이 디자인하신 교회로 세워지기 위해 몸부림치는 것이다.

"그의 안에서 건물마다 서로 연결하여 주 안에서 성전이 되어 가고 너희도 성령 안에서 하나님이 거하실 처소가 되기 위하여 그리스도 예수 안에서 함께 지어져 가느니라"(엡 2:21~22)

하늘땅교회는 한 성도가 온전하게 세워지는 일에 관심이 있다. 어느 교회나 성도가 새로 오면 새가족 교육을 하는 것처럼 새교우 사랑 나눔 모임을 한다. 시중에서 유통되는 교재가 아니라 직접 만든 교재로 진행한다. 총 4과로 구성되어 있다.

1과 인간은 누구인가?

2과 신앙이란 무엇인가?

3과 가치란 무엇인가?

4과 교회란 무엇인가?

과정 하나하나는 신앙생활을 처음 시작하는 사람에 맞추어 구성했다. 예수를 처음 믿는 사람이 곧바로 하나님이 누구신 지를 아는 것은 어렵다. 사실 우리조차도 이미 신학화된 것을 아는 것이다. 그래서 하나님을 알기 위해, 하나님의 형상을 닮은 인간이 누구인가로 시작한다. 이어서 신앙과 가치에 대해서 나눈다. 신앙생활을 아무리 오래 해도 가치관이 바뀌지 않으면 우리는 세속적일 수밖에 없기 때문이다.

그리고 교회가 무엇인지 배운다. 하늘땅교회가 추구하는 교회론이 성경적, 신학적, 실천적 대안으로서 제시되고, 지금껏 걸어왔던 걸음을 하나하나 살펴보는 과정을 갖는다. 많은 사람이 건강한 교회에 대한 자신만의 이상이 있다. 자신의 뜻을 투영하려고 교회를 다니는 경우도 본다. 그래서 성경적인 교회가 무엇인지 설명하는 일은 신앙생활을 하는 데 있어 너무 중요하다.

1년에 두 번, 목회자의 가정에 성도들을 초대하여 삶을 나눈다. 환대란 자신을 열어야 가능한 것이기에 새로 온 성도들을 우리 가정으로 초대하여 애찬식을 갖는다. 어떤 분은 목회자 가정에 처음 방문해 보았다고 말한다. 찾아가는 일에 바쁜 것이 목회자이지만 자기 삶의 한 구석을 성도에게 보여 주는 것도 당연하다고 생각한다.

가끔 성도들에게 하늘땅교회에 등록하여 가족이 된 이유가 무엇인지 묻는다. 대부분 새교우 사랑 나눔을 통해 마음이 열리며 이 교회의 가족이 되고 싶다는 생각이 들었다고 말한다.

겨우 4과일 뿐이지만 그 과정에서 살아온 삶을 나누고, 앞으로 함께 이룰 교회를 나눈다. 그래도 천천히 하다 보니 2개월 이상의 기간이 걸린다.

예배 후 성도들이 식사하고 오전에 들었던 말씀으로 소그룹 모임을 할 때, 새로 온 분들은 나와 함께 새교우 사랑 나눔 모임을 한다. 이 나눔 안에 눈물이 있고 속마음을 내어놓는 성령의 역사가 있다. 어쩌면 그래서 더 열심히 이 과정을 쉬지 않고 하려는지도 모른다. 먼저 끝낸 분들도 새로 온 이들에게 좋다며 꼭 참여하라고 권면한다.

누구나 처음이 중요하다. 더구나 교회 안에서 사람과의 첫 만남이 있는 시간은 소중하다. 교회의 성격과 향기를 맡는 시간이 새교우 사랑 나눔이다. 목회자를 알아 가고, 성도를 알아 가며 서로의 장점이 아닌 단점까지 사랑해야겠다는 마음이 생기는 까닭은 그 마음을 서로 읽어 주는 아름다운 시간이 있기 때문이다. 자신에 대해 상처로 얼룩져 있었는데, 우리가 회복해야 할 하나님의 형상이 무엇인지를 알게 되니 자연스레 회복을 경험하게 된다.

달란트
나눔 잔치

어린이교회는 1년에 두 차례 달란트 나눔 잔치를 한다. 보통 교회가 달란트 시장이라고 부르는 것을 성경적으로 다시 해석하여 '달란트 나눔 잔치'라고 부른다. 그날은 온 교회의 축제다. 교회는 유기체이기에 주의 생명이 영유아부터 어른에 이르기까지 이어진다. 비록 어린이교회의 행사이지만 모든 성도가 함께 천국 잔치를 맛보는 날이다.

달란트 나눔 잔치를 하는 동안 성도들이 어린이교회 아이들의 이름을 불러 준다. 아이들이 받은 달란트로 식음료를 사서 어른들을 대접하기 때문이다. 우스갯소리 같지만 아이들 이름이라도 불러야 음료수 한 잔이라도 더 사 준다. 어린아이까지도 그 이름을 불러 주고 관심 갖기 위해 어른들은 의도적으로 아이들의 이름을 묻고 외운다.

하늘땅교회는 성도가 100명이 되면 20명씩 분리 개척을 하며 작은 교회를 유지한다. 그래도 어른들이 아이들을 전부 기억하고 관심 갖기는 쉽지 않다. 한 교회이기에 아이들은 어른들을, 어른들은 아이들을 당당한 하나님 나라의 백성이자 성도로 인정하는 것이 중요하다. 아이들은 관리 대상이 아니라 하늘땅교회를 이루는 중요 구성원이다. 그래서 아이들의 의견

우리는 날마다
교회가 무엇인지
묻는다

을 듣고, 결정 사항에 대해서 그들의 의견을 묻는다. 예배 공간 확장도 아이들이 원하는 스타일을 물어보고 결정했다.

그동안 교회들은 성장이라는 이름하에 너무 많이 나눠지고 분리되었다. 한 교회를 다니면서도 편리성 때문에 다시 분화되어 서로 다른 예배를 드리고 다른 말씀과 기도의 삶을 살게 되었다. 개인의 취향이나 또래 모임을 강조한 나머지 세대별로 예배를 잘게 나누어 드리게 되었다. 그러는 사이에 우리 안에서 함께 나눌 수 있는 은혜나 이야기가 많이 사라졌다. 성경은 이야기다. 우리의 신앙도 이야기로 남는다. 한 사람의 삶이 교회와 어떤 이야기를 써 가느냐는 우리가 진지하게 물어봐야 할 숙제다.

교회를 시작하는 목회자들이 먼저 고민해야 하는 문제는 사람이나 돈이 아니라 어떤 이야기를 함께 써 가는 신앙 공동체를 꿈꾸는가이다. 부모의 예배가 다르고, 봉사가 다르다. 형과 누나의 사역도 주일이면 바쁘다. 주일 오후가 되면 어김없이 한곳에서 만나 집으로 돌아오지만 그 전까지는 각자의 교회에서 각자 생활하다 오는 것이다. 그렇게 되지 않으려면 지금까지 걸어온 교회의 모습을 한 번쯤 진지하게 점검해야 한다. 주일예배를 마치고 가정으로 돌아오면 저녁 식탁에 앉아 오늘 교회에서 함께했던, 아니 공감하는 이야기를 나눌 것이 얼마나 되는지. 공동체성의 약화는 결국 교회의 지체 의식을 무너뜨린다.

달란트 나눔 잔치는 이렇게 나눠진 교회의 모습을 치유하고 회복하며, 본래의 교회를 찾아가는 중요한 사건이다. 남녀노소가 아이들의 섬김을 통하여 점심을 나누고, 아이들은 자기가 모은 달란트로 다른 사람을 섬기는 법을 배우는 시간이다. 신앙을 말로만이 아니라 삶으로 드러내야 하기에, 모든 일을 온몸으로 배워 가는 훈련을 한다.

어찌 보면 이 모든 일들이 번거롭게 느껴질 수 있다. 더욱이 개인화된 신앙 속에 살아가는 요즘, 공동체라는 것이 오히려 불편할 수 있다. 그럼에도 교회는 예수를 머리로, 서로를 지체로 여기는 한 몸 된 유기체적 공동체이다. 그래서 모이는 모든 일이 공동체적 축제다. 나와 함께하는 지체가 누구인지, 남녀노소 불문하고 아는 것은 당연하다. 물론 서로 모르면 좀 어떠냐고 생각할 수 있다. 하지만 건강한 교회의 기준은 성경이 근거가 되어야 하며, 성경은 교회가 서로 가족 같은 공동체라고 말씀한다.

매 주일 어른들이 아이들을 예수 안에서 손주 대하듯 따뜻하게 안아 주고 이름을 불러 주는 일이 당연한데, 오히려 흔하지 않게 된 것이 가슴 아프다. 서로 모른 척 대하면서 가족이라고 말하는 것이 안타깝다. 교회나 가정은 하나님 나라를 위해 함께 살아가는 것만으로도 감사하다. 무슨 사역을 많이 한다고 늘어놓을 필요는 없다.

우리는 가정으로 퇴근하면서 이제 집에 가서 사역해야 한다고 말하지 않는다. 가정이 그저 사랑이 있고, 안식이 있고, 쉼이 있는 공간인 것처럼 교회 역시 사랑하기 때문에 모이고, 사랑하기 때문에 나누고, 사랑 하나만으로 모이기에 충분하고 아름다운 것이다. 다른 어떤 이유나 조건을 대어도 부차적일 뿐, 교회는 그냥 사랑하기 때문에 모이고, 주님이 사랑하신 것을 알기에 서로 사랑하는 것이다. 사랑하기 때문에 우리가 교회가 된다. 그 사랑을 지켜 내지 못한 에베소교회는 주님의 책망을 받지 않았는가(계 2:4).

달란트 나눔 잔치를 보면 천국을 보는 것 같다. 어린아이들이 자신의 달란트를 내 것이라고 주장하지 않는다. 오히려 다른 사람에게 더 나누지 못해서 아쉬워한다. 그 모습을 보며 어른들은 다시 교회를 배운다. 그동안 경험하지 못했던 교회의 하나 됨, 성령께서 힘써 지키라고 하신 교회의 모습을 배워 간다. 그 옛날 고향 교회를 기억하고, 소싯적 믿음 생활하던 교회도 떠올려 본다. 교회에 가면 모든 것을 이해하고 기다려 주던 목사님, 사모님, 그리고 성도들의 사랑이 그립다고 하는 분도 있다.

하나 된 공동체, 교회가 잊지 말아야 할 정체성이다. 사랑하기에 모이고 나누는 것이다. 그 정체성을 지켜 낼 수 있는 것은 사랑이다. 달란트 나눔 잔치는 아이들이 어려서부터 하나님 나라 방식을 배워 가도록 돕는 아이들의 잔치이자 온 성도의 축제다.

문고리
심방

목회자가 심방하는 일은 가정의 영광이었다. 어릴 적 먹어 보지 못한 생선을 굽는 어머니를 보면 이해가 되지 않을 때가 있었다. 도대체 목사님이 누구길래, 우리는 먹지도 못한 생선이 밥상에 올라가는지. 그만큼 봄가을 대심방은 성도로서는 간절한 기다림이 있었다. 그런데 오늘날은 심방이 아예 어렵다. 삶의 패턴이 일정하지 않고 마을 단위로 사는 것이 아니기 때문이다. 너무 바쁘고 분주하다.

심방은 중요한 것이다. 만남이 줄어드는 시대에는 더욱 그렇다. 코로나 시절에도 소그룹 모임을 어떤 방법으로든 행했던 교회는 부흥이 있었다고 한다. 그만큼 만남은 소중하다. 비록 자기 속마음을 다 말하지 않아도 누군가 들어 줄 수 있다면 하고 싶어 하는 것은 아닌지.

심방은 다수의 모임이 아니라 일대일의 깊은 대화를 필요로 한다. 심방을 받는 자체도 의미 있겠지만, 얼마나 깊은 만남인지를 느끼기 때문에 가볍게 만날지라도 그 내용은 알차야 한다. 하늘땅교회는 격식을 차리는 만남보다 질적 대화가 있는 만남을 원하기에 꼭 가정만 고집하지 않고 커피숍, 식당 등 어디서든 편하게 심방을 한다. 평소 심방이라는 단어보다 소

우리는 날마다
교회가 무엇인지
묻는다

풍이라는 단어를 선호하는데, 나그네로 살아가는 우리가 오가는 길에라도 가볍고 편하게 수시로 만남을 이어 가기 위해서이다.

어느 날 지나는 길에 한 집사님 가정을 들렀는데 계시지 않았다. 그래서 전화를 하니 미안해하신다. 그냥 지나는 길에 계시면 뵙고 가려고 했다고 해도 미리 말을 안 하고 와서 몰랐다며 아쉽다고 한다. 그럴 것도 없는데 말이다. 그래서 다음부터는 계시면 만나고 안 계시면 문고리를 잡고 그 가정을 위해 기도하고 왔다.

꼭 성도가 집에 있지 않아도 심방할 수 있다. 선물이나 주보를 두고 문고리를 잡고 그 가정을 위해 기도하고 돌아오면 된다. 나중에 다녀간 사실을 알게 되면 그것만으로도 관심이며 순수한 사랑으로 여기고 기뻐한다. 그러면서 다음에는 그냥 가시면 안 되니 꼭 약속을 잡아 달라고 한다. 그렇게 심방 신청서를 내면 또 가면 된다.

하늘땅교회는 문고리 심방의 진정성을 믿고 있다. 다녀간 흔적을 이렇게 저렇게 남기면 그것만으로도 뜨겁게 기도하고 갔을 목회자의 삶에 대해 인정하는 분위기다. 그렇지 않아도 집안에 일이 있었다며 다녀간 후 전화로 근황을 알려 주기도 한다.

서로 사랑하고 있음을 확인하는 신앙 공동체는 바쁜 시대를 살아가는 이들에게 맞는 심방 문화를 찾는 것이 중요하다.

과거의 교회는 성도보다 목회자 중심이었다. 그렇기 때문에 목회자가 있는 곳이 교회인 동시에, 모든 것은 목회자가 있어야 성립되었다. 더 나아가 목회자가 있는 교회를 중심으로 모여야 했다. 그러나 성도들이 살아가는 삶의 자리가 교회임을 다시 발견하면서, 이제는 삶의 자리로 찾아가는 목회가 더 진정성 있게 준비되어야 한다. 심방도 받는 사람을 고려하여 이루어져야 하듯이, 시간과 장소와 방법을 교회나 목회자 중심으로 하는 것은 대화나 소통에 있어서 일방적일 수 있다.

매주 만나는 성도의 삶이란 외롭다. 진지하게 삶의 문제를 놓고 이야기할 사람이 없다. 사람이 어떻게 살아야 하는지와 같은 철학적이고 신학적인 질문을 나눌 기회가 필요하다. 문고리 심방은 아무도 만나지 못하고 올 때 그렇게라도 한다는 의미이지만, 가급적 성도를 만나 사는 근황과 함께 삶의 방향이나 목적이 무엇인지 간접적으로 나눈다. 마음의 문을 열기 위해 내 이야기를 먼저 하는 편이지만 성도들도 허심탄회(虛心坦懷)하게 대화를 한다. '가족 같은 교회, 교회 같은 가정'이라는 말이 그저 구호가 아니라 정말로 서로 어우러져 살피고 챙기고 아끼면서 살기를 소망한다.

교회에 잘 나오지 않던 성도가 있었다. 소식도 끊어졌지만 집을 알기에 몇 년을 문고리 심방 다녔다. 서울 생활 정리하고 오산에서 지내며 교회에 등록했지만, 삶이 어수선하여 신앙생활에 집중하지 못하는 상황이었다. 그런데 교회가 변함없이 문고리 심방을 하는 것을 보고 가장 어려운 순간에 먼저 교회가 생각났다고 한다. 그렇게 다시 교회로 돌아왔고 지금은 건강한 신앙인으로서 교회의 일꾼이 되었다.

사람이 그 사랑을 모르는 것이지, 주의 사랑은 변하지 않고 그대로 남아 있다. 어느 날 그 사랑을 발견하고 돌아오는 성도들을 보면 온 천하를 얻은 것처럼 기뻐 날아갈 것 같다. 지금도 가슴에 남는 성도의 한마디가 있다. "목사님, 많이 힘들었어요." 그렇다. 외롭고 힘들어도 말할 곳이 없는 시대다. 그래서 더더욱 세심한 관심이 필요하다. 쉬지 않고 성도의 가정과 사업장, 청년들의 캠퍼스와 독서실을 찾아가는 이유는 하나다. 주님이라면 그렇게 하셨을 것이 분명하기 때문이다.

직분자 세우기

교회를 개척한 뒤 일꾼이 잘 세워지지 않아 힘든 시간을 보냈다. 타 교회에서 신앙생활을 했다고 해서 하늘땅교회 직분자로 세워지는 것도 아니었다. 한 사람의 일꾼이라도 제대로 세우기 위해 결국 아이들과의 축구도 내려놓고 제자 훈련을 하기 시작했다. 한 사람 한 사람 제자로 세우는 일이 5년이나 계속되었다. 목회가 쉽지 않았지만 건강한 교회를 세우기 위해 직분자 세우는 과정도 좀 더 신중해야 했다. 성도들이 이런 나의 뜻에 공감하면서 제자 훈련 과정이 이루어졌다.

개중에는 목회자보다 더 신앙 연륜이 오래되었다면서 앞장서려는 사람도 있었고, 이 지역을 누구보다 더 많이 안다면서 교회의 역할을 거스르는 사람도 있었고, 불필요한 신학적 담론조차 서슴없이 꺼내는 사람도 있었다. 교회 온 지 2년이 지나도 집사 직분을 주지 않는다면서 교회를 옮기기도 했다. 1년 안에 서리 집사를 주는데, 이 교회는 왜 안 주냐는 것이다. 사실 관행으로 보면 틀린 말도 아니지만 회심을 중요하게 생각하는 우리 교회로서는 직분을 기준 없이 취하게 할 수는 없었다. 또 다른 이유는 종교개혁의 이유가 될 만큼 성경적이지 않다고 생각했다. 교회가 요하는 기준이 정해지고 나면 그대로 해야겠다고 결정했다.

목회자의 어려움을 들어 보면 대체로 사람의 문제, 일꾼의 문제, 한 사람이 세워지지 않아 힘들어하는 문제들이었다. 한 사람이 세워지지 않으면 그다음 사람을 세울 수 없다. 한 사람이 세워지지 않으면 교회에 뿌리내릴 성도가 없다. 그래서 건강한 교회에 관심을 갖고 있다면 반드시 성경이 전하고 있는 바른 직분론을 따라야 한다. 쉽게 얻은 것은 쉽게 무너지기 마련이다.

그렇다고 복잡하고 까다롭게 해야 한다는 것은 아니다. 분명한 기준이 있어야 한다는 것이고, 성경적 근거를 가지고 하자는 것이다. 신앙 공동체의 지체들과 하나님께 인정받으며 세워지는 과정이 필요하다.

성경에 근거를 두지 않으면 사람의 입맛에 따라 직분을 주게 된다. 이것을 지체들이 납득할 수 없을 때 직분자를 세우는 일은 교회의 분란만 가중시키기도 한다. 직분자들은 교회를 대표하는 얼굴일 수 있다. 그런데 기준 없이 세워졌다면 기쁨으로 직분을 받을 수 없고 끝까지 감당하기도 어려워질 수 있다. 아직도 장로나 권사 직분을 받을 때 감사한다는 이유로 얼마의 돈을 내는 관행이 있다. 이러한 관행 역시 직분자를 세우는 일을 점점 어렵게 만들 것이다.

하늘땅교회는 직분자가 제대로 세워지면서 안정을 찾기 시작했다. 개척이라는 말 그대로 모든 과정마다 처음이었지만 시간이 걸려도 분명한 기준을 가지고 첫 단추를 끼우고자 했다. 지금도 생각난다. 그가 집사 직분을 받던 날 얼마나 울었는지 모른다. 뇌출혈로 중환자실에 있다가 기적처럼 살아나서 한 달 만에 퇴원하고, 그 뒤로 교회 출석하여 6년 만에 받은 집사 직분이었다. 그의 뜨거운 간증에 성도들도 마음을 다하여 축복해 주었다.

그런가 하면 우리 가정에서 교회가 시작될 때부터 참여한 성도인데, 자격이 없다며 세례를 받지 않아 8년이 지나서야 집사 직분을 받기도 했다. 그날 온 성도가 뜨겁게 눈물을 흘리며 축하했다. 주 안에서 성도들이 잘 세워지길 간절히 기도하는 시간이었다.

주님은 제자를 세우셨다. 하늘땅교회 역시 주님의 제자를 세워야 한다. 더 작은 교회를 지향하면서 걸어가는 이유이다. 많은 군중이 모인 교회가 아니라 주님의 일을 감당할 제자 한 명을 세우는 일에 관심이 많다. 성도들에게 주어진 직분 역시 주님의 제자로 사명 감당하라고 주신 것이다. 군중이나 무리는 교회의 보호와 관심을 받아야 하지만, 제자는 가르침을 받고 그대로 살아 내야 한다.

이미 주님의 제자로 살아가고자 작정한 사람들이 직분자이고, 그리스도의 몸 된 교회를 섬기는 데 필요한 역할이 직분이다. 교회와 상관없는 직분은 없고, 직분자는 지체들이 볼 때에도 삶이 구별되고 믿음의 본이 되어야 한다. 한국 교회 안에 만연한 태도 중 하나는 더 열심히 하라고 그저 직분을 준다고 한다. 신앙생활을 오래 했다고 해서 직분이 명예처럼 주어지기도 한다. 하늘땅교회는 준비되지 않은 직분자를 세울 수 없었다. 주의 제자로 살아갈 성도를 세워야 한다는 데 우리 모두 동의하고 있다.

성도의 직분은 교회를 위한 것만은 아니다. 하나님 나라의 백성으로 살겠다는 고백이다. 이것은 교회가 준비하기도 해야 하고 직분 대상자의 준비도 필요하다. 축하한다고 하지만 축하할 일만은 아니다. 더욱 주님을 닮은 자로 살아가야 하고, 교회의 본이 되기 위해 인내하고, 아픔과 시련이 있어도 신앙의 자리에서 기꺼이 자기 부인을 할 수 있어야 하기 때문이다.

직분자를 세우는 일을 무슨 순교자라도 되는 것처럼 어렵게 대하냐고 하지만 직분을 주고 나서도 잘하는지 못하는지 살펴야 한다면 절차가 바뀐 것이 아닌가? 실제로 직분자가 신앙의 본이 되지 않아 어려움을 당하는 개척 교회들이 얼마나 많은가? 직분자를 세우기까지 늦어져도 괜찮다. 먼저 분명하게 기준을 세워야 한다.

에베소서 4장 11~12절은 "그가 어떤 사람은 사도로, 어떤 사람은 선지자로, 어떤 사람은 복음 전하는 자로, 어떤 사람은 목사와 교사로 삼으셨으니 이는 성도를 온전하게 하여 봉사의 일을 하게 하며 그리스도의 몸을 세우려 하심이라"라고 말씀한다. 사실 우리가 완벽해서 직분이 주어진 것은 아니다. 자격이 있어서 주어진 것도 아니다. 직분을 받는 이유는 성도를 더욱 온전히 세우기 위함이며, 봉사하며 그리스도의 몸 된 교회를 세우기 위함이다. 교회를 더욱 온전하게 세우려고 직분을 주셨다는 사실을 잊지 말아야 한다.

에베소서 4장 13절은 온전하게 됨이 무엇인지 더욱 분명하게 말씀한다. "우리가 다 하나님의 아들을 믿는 것과 아는 일에 하나가 되어 온전한 사람을 이루어 그리스도의 장성한 분량이 충만한 데까지 이르리니" 믿는 것과 아는 일이 하나 되어 그리스도의 장성한 분량이 충만한 데까지 자라 가야 한다.

이것은 목사 안수를 받던 무렵, 도저히 목회에 자신이 없던 내가 마지막 페이퍼를 내지 못하고 주저하고 있을 때 위로가 된 말씀이다. 자격이 되어서 목회자가 된 것이 아니라 그리스도의 장성한 분량이 충만한 데까지 자라야 하는 숙제라고 받아들였다. 지금까지 이 말씀을 새기며 살아간다.

사실 집사 직분조차 누구나 받을 수 있는 것이 아니다. 집사는 헬라어로 '디아코노스'인데 '섬기는 사람'이라는 뜻을 가지고 있다. '겸손한 종'이라는 의미도 있다. 신약성경에 여섯 번 나온다. 사도행전 6장을 보면 최초의 일곱 집사는 사도들이 하던 섬기는 일을 이어받았다. 물론 구제와 섬김뿐만 아니라 복음을 전하는 사명도 함께 감당했다.

창세기 18장에 나오는 아브라함의 고백처럼, 집사는 한마디로 '티끌이나 재'와 같은 존재이다. 어느 자리이든지 존재감이 티끌, 곧 먼지와 다름없다고 해도 그 직분을 잘 감당하면 섬김을 통해 빛도 없이 빛을 내는 자리다. 주님이 주신 일은 무엇이든 이 같은 마음으로 해야 한다. 이것은 태도의 문제이며 자세의 중요성을 가르쳐 준다.

우리는 정말 자신을 먼지와 다름없다고 여기며 얼마든지 낮은 자리로 내려가 섬김의 삶을 살려고 하는지 묻게 된다. 마가복음 9장 35절은 "예수께서 앉으사 열두 제자를 불러서 이르시되 누구든지 첫째가 되고자 하면 뭇 사람의 끝이 되며 뭇 사람을 섬기는 자가 되어야 하리라 하시고"라고 말씀한다. 여기서 섬기는 자가 바로 집사, 디아코노스다. 섬기는 자는 다른 말

우리는 날마다
교회가 무엇인지
묻는다

로 '종'이다. 종은 자기주장이 없다. 그저 주인의 말씀에 순종한다.

하늘땅교회는 신입 집사를 세울 때 4주 과정의 교육을 한다. 일과 사역의 측면에서 무엇을 해야 한다(doing)가 아니라 무엇으로 존재해야 하는지(being)를 배운다. 물론 평상시 직분론 강의 때도 배운다. 이미 직분을 받고 이명해 오는 이들을 위해 다시 교육하는 것이다. 받은 직분을 인정하지만 다시 정확하게 세우기 위한 노력이다.

우리는 누군가의 디딤돌로 존재해야 한다. 거친돌이 되면 직분은 아무 소용이 없다. 직분을 받기 위해 바른 교육을 하는 것은 중요하다. 하늘땅교회 성도들이 직분을 사모하기를 소망한다. 때때로 직분을 감당하지 못해 낙심하고 낙망하길 소원한다. 그때마다 회복시켜 다시 부르시는 주님의 은혜로 새롭게 세워지길 기도한다. 모든 것은 분명한 기준이 있을 때 가능하다. 그것부터 시작이다.

우리가
남겨야 할 것

딸이 엄마에게 물었다. "엄마, 목사님이 언젠가 하늘땅교회 그만 두시면 우리는 어디로 나가요?" 엄마 집사는 설명해 주기

그의 안에서 건물마다 서로 연결하여
주 안에서 성전이 되어 가고
너희도 성령 안에서 하나님이 거하실 처소가 되기 위하여
그리스도 예수 안에서 함께 지어져 가느니라

엡 2:21~22

어렵다며, 어떻게 대답해야 하냐고 물었다. 교회의 미래를 생각하는 중학생 딸의 이야기를 듣고 집사도, 목사도 교회에 대해 다시 고민하는 계기가 되었다.

과연 이 교회는 건물로 남아 계속 하늘땅교회라는 이름으로 있어야 하는가? 교회는 다음 세대에게 무엇을 남겨야 하는가? 개척하는 날부터 어떤 신앙의 유산을 남겨야 할지 고민해 왔다. 자녀들에게 신앙을 전수해야 하는 내게는 중요한 질문이었다.

믿음을 제대로 전수하지 않으면 훌륭하게 설계된 건물도 자칫 관광 명소가 될 뿐이다. 그보다 우선 교회가 남겨야 할 신앙의 유산이 따로 있다. 눈에 보이는 것이 아니라 보이지 않는 것, 세상적인 것이 아니라 신앙적인 것, 하나님이 지금까지 지켜 오신 것이다. 그 이름이 바로 예수 그리스도이다.

예수 신앙으로 시작된 기독교는 다른 어떤 것을 자랑한들 남겨질 것은 하나도 없다. 많이 가진 것이 다툼의 이유가 되는 것을 보면 교회는 예수 이야기, 신앙 이야기를 자녀들에게 물려주어야 한다. 이미 세상의 것을 너무 많이 붙들고 있는 교회와 성도 그리고 우리의 자녀들인데, 교회가 남겨 주는 것이 여전히 세상이라면 얼마나 불행한 일인가.

하늘땅교회는 사도 베드로의 사건을 되새긴다. "이에 베드로가 예수의 말씀에 닭 울기 전에 네가 세 번 나를 부인하리라 하심이 생각나서 밖에 나가서 심히 통곡하니라"(마 26:75) 베드로에게 평생 후회스러운 일이 있다면 예수님을 부인한 일일 것이다. 그래서인지 베드로가 성령 체험을 하고 난 뒤 기록한 베드로전후서를 보면 곳곳마다 '생각나게 하라', '기억나게 하라'는 표현이 등장한다. 초대교회가 예수 그리스도와 그분의 말씀을 생각하는 삶, 기억하는 삶으로 최후까지 승리자가 되길 바랐다.

기억을 뜻하는 'remember'는 're(다시)'와 'member(일원, 단원)'의 합성어이다. 기억은 서로 한 공동체로 다시 묶어 준다. 우리가 핍박과 곤경 속에서도 한 지체 됨을 유지하는 것은 '한 말씀'을 먹고 마시며 기억하는 일에 달려 있다.

하늘땅교회 역시 자녀들에게 다른 것 물려주지 않고 주의 말씀과 우리가 함께 써 가는 예수 이야기, 신앙 이야기를 남기려고 한다. 신앙 유산의 전수, 이것 외에는 없다. 그래서 온 성도가 함께 이야기를 써 가려고 신앙과 공동체에 자발적으로 헌신한다. 얼마나 시시콜콜 이야기가 많겠는가.

코로나 기간에 신앙 이야기가 끊어지지 않도록 회상하고 기억하고 감사하는 일을 했다. 라디오 형식으로 '희망 편지(희한하게 망하지 않는다)' 코너를 만들어 희망을 되살려 보려고 했다. 지금도 생각나는 이야기가 있다. 무엇이 기억에 남느냐고 한 성도에게 물으니 전 교인이 교회 창립기념주일에 삼겹살 파티를 했는데, 건물 안에 연기가 너무 차서 화재경보기가 울려서 피난 갔던 일이라고 한다. 그날 희망 편지를 듣고 많은 성도들이 문자를 보내왔다. "교회 돌아가고 싶어요." "빨리 다시 모였으면 좋겠어요." "잊지 못할 이야기가 있다는 것이 얼마나 소중한지 알게 되었어요."

나 역시 교회의 목회자로 부름받아 살면서 성도들이 서로 보고 싶어 하고 서로 한 공동체임을 자랑하는 것이 뿌듯하다. 우리는 지금도 어렵지만 함께했던 이야기를 잊지 않고 있다. 이렇게 다음 이야기도, 그다음 이야기도 써 가야 한다.

헨리 나우웬(Henri Nouwen)은 "오늘날 신앙의 문제는 교회와 예수가 분리되었다는 것이다"라고 말했다. 우리에게 주는 일침이다. 가슴 아프게 현실을 직시하며 무엇을 위해 존재하고 걸어가야 하는지를 다시 생각한다. 교회 따로, 예수 따로 가능한가. 그런데 현실이 되어 버렸다. 안타깝게도 하나 됨보다 나뉘짐이 만연해졌다. 주님은 자신의 몸을 깨뜨려 우리가 하나 되게 하셨는데 말이다.

더 가슴 아픈 것은 물려줄 교회가 없다. 교회가 온전하지 못해서이기도 하지만 일차적으로는 사람이 문제다. 죄인인 사람이 변하지 않으면 어느 곳이든 온전함이 없다. 더 정확하게 말하면 내 자신이 성령으로 변화되어 진리를 따르는 자가 되지 않으면 안전한 곳은 없다. 교회가 없는데, 예수의 사랑을 어떻게 설명할 수 있을까? 교회가 없는데, 무엇을 신앙의 유산으로 물려줄 수 있을까?

신앙을 가르치고 전수해 왔던 교회가 몸살을 앓고 무용지 물처럼 여겨지는 시대이다. 예수 중심으로 살아가 본 적이 언제였는가? 예수를 말할 뿐, 예수와 상관없이 살아가는 인간들이 얼마나 많은가? 교회 안에 탐욕이 깃들어 이런저런 말들이 얼마나 많은가? 이제 정신 차려야 한다. 무엇이 먼저고, 무엇이 중요한지 알아야 우리 스스로 소중한 것을 지킬 수 있다. 다 문제라고 버리고 무시하면 결국 남는 것은 무엇인가? 빈껍데기를 버리고 신앙의 알맹이를 우리 자녀에게 물려주어야 한다. 그것이 바로 교회라는 터 위에서 회자되고 배워 가는 신앙 이야기이다.

얼마 전 성도들과 함께 교회에서 김장을 했다. 농사지은 야채를 가져온 사람, 필요한 김장 재료들을 장 봐 온 사람, 절인 배추를 가지고 온 사람, 팔을 걷어붙이고 일을 도우러 온 사람들로 북적였다. 돈 주고 사 먹으면 편할 텐데, 왜 이렇게 불편한 일을 자처하는가? 그것은 교회를 몸으로 배우기 위해서다. 한 포기의 배추가 김치가 되기까지 얼마나 많은 헌신과 기도와 사랑이 필요한지 경험하게 된다. 이웃과 나누기 위해서이기도 하다. 하나 됨을 이루어 가는 시간을 온 성도가 맛보아 알게 되어 기쁨이다.

이렇듯 교회는 주를 사랑하는 일이 무엇인지 내면화하는 과정이 필요하다. 때로는 무릎 꿇고 기도하는 과정을 통해 순종을 배우듯, 우리 온몸에 절인 배추 냄새가 나도 함께 사랑하며 주의 뜻을 이룬다. 수고하고 순종했던 이야기가 신앙의 유산이 되어 자녀들에게 남겨진다. 그 자리에 함께하는 아이들이 귀하다. 부모의 삶을 지켜보는 것만으로도 의미가 있다. 결국 아이들은 신앙에서 무엇이 소중한지를 알게 되며 부모로부터 보았던 그대로 살아가게 될 것이다.

말씀을 새기는 소그룹 모임

개척 때부터 주일 오후에는 또 한 번의 예배를 드리지 않고 오전에 들었던 말씀으로 소그룹 모임에서 은혜를 나누는 방식을 택했다. 코로나가 한창일 때 많은 이들이 그리워하는 것이 소그룹 모임이었다. 간혹 주일 오후 예배를 드려야 하지 않냐는 질문을 받기도 했다. 익숙한 것을 편안해하고, 가만히 듣는 것만으로 예배가 된다는 마음일 것이다. 그런데 우리 스스로를 돌아보면 하루가 지나지 않았는데도 주일 말씀을 기억하지 못한다. 주중에 말씀을 떠올리면 아무것도 떠오르지 않는다. 왜 그럴까? 왜 예배를 드리고 말씀을 듣는데 안 되는 걸까?

하늘땅교회는 점심 식사 후에 자발적인 소그룹 모임이 이루어진다. 같은 시간에 나는 새로 온 분들과 새교우 사랑 나눔을 하고, 성도들은 오전에 들은 말씀을 소그룹에서 나누는 것이다. 실버교회 최고령 장로님, 권사님부터 어린이교회 아이들까지 리더와 헬퍼의 도움을 얻어 4~5명 정도로 소그룹 모임이 이루어진다.

새해가 되면 소그룹을 나누고, 소그룹의 이름과 한 해 목표를 발표하는 시간을 갖는다. 활발한 멤버와 새로 온 멤버를 적절하게 구성하여 한 가족이 되게 하는 데 힘쓴다. 코로나 시기 하늘땅교회를 지켜 줬던 것은 어떤 방식으로든 서로 안부를 묻고 기도 제목을 나누는 소그룹의 관심과 사랑 덕분이었다. 이미 소그룹을 통해 훈련된 성도들은 나눔의 소중함을 안다. 여기저기서 성도들이 말씀 나누는 모습을 보면 얼마나 흐뭇한지 모른다.

말씀을 먹고 나누는 과정을 통해 서로 깨달은 것을 나눌 때 말씀은 더 풍성해지고, 서로 다른 적용을 들으면서 은혜로 충만해져 한 주간 선명히 기억하게 된다. 나눈 이야기는 우리 공동체의 기도 제목이 되고, 서로를 위해 기도하고, 기도했던 내용들이 어떻게 되었는지 궁금해한다. 나만 먹고 나만 끝나는 예배는 말씀이 쉽게 잊혀지지만 서로 나눔을 통해 은혜가 배가 되니 잘 기억하고 간직하게 된다. 소그룹 리더들의 모임 보고서를 살펴보면, 놀라운 것은 어린이교회 리더들이 가장 잘 정리한다는 사실이다.

소통을 잘하는 리더가 세워지면 그 효과는 배가 된다. 가령 서로 나누지 못하는 분위기일 때 리더가 먼저 오늘 말씀과 깨달은 것을 나눈다. 그러면 각자의 은혜를 또 나누게 된다. 정

우리는 날마다
교회가 무엇인지
묻는다

답을 가르치는 식이 아니라 질문을 통해 내게 주신 은혜를 나누고 적용하려고 한다. 정해진 시간에 마치고 뒷정리를 하면서 주일을 마친다. 나눈 말씀의 은혜는 교회 밴드를 통해 다시 나눠져 성도 전체가 공유하면서 또 은혜를 받는다.

오늘을 사는 그리스도인에게 말씀으로 무장되어 살아가는 것은 너무 중요하다. 말씀이 생각나지 않고 기억나지 않으면 제때 사용할 수 없다. 사용할 수 없는 것은 더 이상 무기가 아니다. 예수님의 사역도 마귀의 시험으로부터 시작되었다. 마귀는 계속해서 시험했지만 그때마다 예수님은 이미 알고 있던 말씀으로 응대하셨다.

언제든 기억나고 생각나는 말씀은 우리 삶을 지키는 영적 무기가 된다. 오늘 성도들의 삶은 말씀이 없는 것이 아니라 기억나고 생각나는 말씀이 없는 것이다. 소그룹 모임은 다시 한 번 말씀을 나누고 되새김질하는 시간이 되어 한 주 동안 말씀으로 살 수 있게 한다. 교회는 승리의 공동체이다. 공동체에 주시는 말씀으로 모두가 일상에서 승리한 이야기가 나눠지는 예배가 우리 안에 있다.

꼴찌도 상 받는
교회

한국 교회가 당연시했던 것들 중 불편한 게 있었다. 달란트 시장이 그랬고, 척사 대회에서 등수 안에 들어야 상을 받는 것도 그랬다. 달란트 시장은 달란트 나눔 잔치로, 척사 대회는 1등과 꼴찌가 상을 받는 것으로 바꾸었다. 그러자 윷놀이가 끝날 때까지 모두들 최선을 다해 즐거워했다. 꼴찌 그대로 인정해 주는 상이 있다는 것만으로도 즐겁지 않은가. 설날에 매년 하는 윷놀이지만 방식과 시상이 다르니 신선했을 것이다. 1등이 상 받는 것은 당연한데, 꼴찌가 상을 받으니 말이다.

포도원 품꾼의 비유가 나오는 마태복음 20장은 오늘을 살아가는 우리에게 하나님 나라의 원리가 무엇인지 알려 준다. 하나님의 주권적인 은혜와 긍휼이 무엇인지 가르쳐 준다. 하나님의 나라를 살아가는 방식은 세상의 통치 방식과 다름을 확실하게 보여 준다. 아침 9시에 나가서 데려온 일꾼이나, 오후 3시에 나가서 데려온 일꾼의 삯이 동일하다. 심지어 하루 일이 끝나기 한 시간 전에 데려온 일꾼도 동일한 삯을 받는다. 이를 보고 일터에 일찍 나와 많은 일을 한 일꾼들이 억울함을 호소한다. 먼저 와서 일했으니 자기들은 더 많이 받아야 한다고 말이다.

우리는 날마다
교회가 무엇인지
묻는다

주인의 판단이 우리에게 주는 의미가 무엇인가. 당시 이 비유를 들어야 했던 이들은 유대인들이다. 그들은 율법을 철저히 준수하며 살았기에 그들만이 환대받고 정당한 삯을 받는 인생이라고 믿었다. 그런 그들에게 예수님은 하나님의 긍휼과 인애에 예외가 없음을 보여 주신다. 그들이 천대했던 창녀와 세리에게도 하나님의 은혜는 동일하다. 세상은 인과응보에 따라 살아가지만 하나님의 나라는 죄 사함과 생명의 회복이 하나님의 주권 가운데 행해진다는 사실을 알 수 있다.

오래 전 부임한 교회에서 구입한 지 얼마 안 된 승합차를 몰다가 옆을 크게 긁고 말았다. 불안해서 밤새 잠을 자지 못했다. 다음 날 무거운 마음으로 담임목사님께 말씀드렸더니 도리어 주의 일 하느라 애쓴다고, 고치면 된다고 하셔서 얼마나 감사했는지 모른다. 그 뒤로 나를 키운 것은 용서의 은혜였다고 고백한다. 교회 안에서 서로 장점을 말하고 단점까지 사랑할 수 있는 것은 훈련받았기 때문이다. 또한 성도들이 좋은 말로 격려하고 목회자가 말씀으로 성도들을 세우는 것도 서로를 향한 긍휼이 하나 됨으로 이끌기 때문이다.

오늘 우리에게 필요한 것은 주님의 인자하심이다. 그래야 교회 안에 긍휼함도 있고, 용서도 있다. 세상 원리대로 살아가면 약육강식의 경쟁만 남는다. 누군가 1등 하면 누군가는 꼴찌해야 하는 것이다. 하나님의 은혜를 알고 살아간다면 꼴찌조차 주님의 구원 대상이다. 교회에서조차 경쟁적인 믿음 생활을 강요받는다는 것은 슬픈 일이다. 그것이 교회를 돌아가게 할지 몰라도 건강한 신앙이 무엇인지 눈을 가리게 된다.

신앙생활을 처음 시작한 성도를 어떻게 대하는가? 늦더라도 예배에 오기만 하면 그렇게 예쁘고 모든 것을 다 품어 줄 마음이 있지 않았던가? 그가 무엇을 잘못해도 교회가 대신 책임지고 지체로서 함께 살아가는 것이 무엇인지 배워 가던 때가 있지 않은가? 그런데 교회가 그 마음을 잃어버렸다. 이것은 주님을 잊고 살아간다는 증거다. 교회는 백 번이라도 용서하고 품을 수 있어야 한다. 자기 발로 뛰쳐나가도 용서하며 기다릴 수 있는 아버지의 품을 교회는 가지고 있어야 한다.

하루는 갓 신학생이 된 청년이 일찍 교회에 왔다. 그는 내게 목회자가 되려면 무엇이 중요하냐고 물었고, '기다림'이라고 대답하자 반문하는 눈빛이었다. 나를 떠나도, 배신했더라도, 하루를 머물다 헤어진 성도일지라도, 교회는 그 이름과 얼굴이 생각나면 주님의 마음으로 기도하며 기다리는 공동체라고 했다. 청년이 무언가 깨달았는지 감동하는 눈빛으로 바뀌었다. 기다림은 용서 없이는 안 된다. 용서는 은혜 없이는 안 된다. 은혜는 사랑을 택할 때 채워진다.

올해 척사 대회 1등은 청년교회가 차지했다. 꼴찌, 그러니까 뒤에서 1등은 바울교회가 차지했다. 총 여덟 팀이 토너먼트로 경기를 해서 이긴 네 팀, 진 네 팀이 다시 윷놀이를 하고 각 그룹에서 우승자를 가려낸다. 이긴 그룹에서는 계속 승리해야 우승이고, 진 그룹에서는 계속 패배해야 우승이다. 1등은 어렵지만 뒤에서 1등 하기도 어렵다. 계속 지는데 즐거워하는 대회가 어디 있을까. 아니, 꼴찌 했는데 기뻐할 수 있을까. 우리 교회에서는 가능한 일이다.

하나님 나라는 이해할 수 없는 나라다. 결국 1등이 되어도 그 상품은 전 교인이 나눠서 먹고 마신다. 그렇게 모두가 웃고 마치는 경기가 가능하다. 물론 이것을 이해하지 못하는 어린이들이 울 때가 있다. 하지만 올해를 제외하면 1등은 거의 어린이교회가 했다. 어른들의 배려 덕분이다. 어린아이들이 세상에서 배운 것은 지면 실패한다는 이야기이다. 하지만 교회에서는 지는데 웃을 수 있고 꼴찌도 상을 받는 하나님 나라를 배운다.

교회는 무엇을 가르쳐야 하는지 다시 생각해 본다. 교회만큼 교육을 강조하는 곳도 드물다. 그래서 교회학교 또는 주일학교라고 부른다. 이에 대한 시선은 다양하겠지만 교회가 꼭 학교여야 하는지 의문이다. 아이들에게 삶으로 신앙을 배우게 하는 것은 어떨까 생각한다. 주일에 한 번 와서 교육을 받는 개념으로서 학교라고 말한다면, 아이들이 학교를 참 힘겨워하는데 교회도 학교로 다녀야 하는 것이다.

차라리 교회는 함께 어울려 놀고 일을 해결하고 서로 가족이 무엇인지 알기 위해 형제, 자매로 살아가는 것을 배우는 곳이면 어떨까 생각한다. 관계가 형성되지 않는 교육은 배움이 오히려 다른 사람을 배척하는 일이 되는 것을 본다. 아이들이 무한 경쟁에서 나와 하나님 나라를 맛보는 예배가 계속된다면 스스로 돌아와 예배자가 되고 세상 속에 파송받은 그리스도인의 삶을 충분히 살아 내리라 믿는다.

꽃다발을 건네는 교회

목회자로 살아가려면 무엇을 준비해야 하는지 고민한 적이 있다. 열심히 공부하고 성경 연구를 하고 교회 프로그램을 배웠다. 그러나 목회를 할수록 감정의 교감이 얼마나 중요한지 알게 된다. 목회자의 설교로 성도들이 변화할 것을 기대하지만 그 말씀이 들리기까지 관계의 요소들이 있다. 보이지 않는 제2의 언어라고 해야 할까. 내밀어 잡는 손, 따뜻한 눈빛, 챙겨주는 말투, 영혼을 향한 부지런한 발걸음이 있을 때 성도들에게 '들리는 설교'가 될 수 있다.

그러고 보면 대부분 제2의 언어 때문에 문제가 발생한다. 다시 말해 설교하는 목회자의 마음이 중요하다. 그 마음에 따라 손, 눈빛, 말투, 거리가 달라지고, 이를 바탕으로 서로 교감하고 공감하는 것이다. 큰 실수보다 오히려 작은 손짓 하나에 오해가 생기는 것이 교회의 현실이다. 이것을 한꺼번에 문제라고 말하려는 것이 아니다. 설교만 잘하면 목회가 되는 게 아니라 서로 주고받는 수많은 교감을 중요시해야 한다. 이것은 목회자의 내면에서 시작되니 진실하게 선한 영향력을 위해 몸부림쳐야 한다.

하늘땅교회는 소박하지만 마음을 나누는 공동체를 꿈꾸며 걷고 있다. 무엇이 교회인지 함께 고민하며, 성경의 말씀대로 이루어 가려고 한다. 이를 위해 말씀이 삶 가운데 녹아드는 훈련이 필요하다.

평생 다닌 직장을 은퇴하게 된 집사님이 있었다. 한 직장에서 평생 수고하고 애쓴 집사님을 어떻게 축복할 수 있을까 생각하다가 예배 시간에 꽃다발을 준비해서 드렸다. 꽃을 받아 들고 얼마나 좋아하셨는지 모른다. 직장을 그만둔 마음이 어떨지 헤아려졌다. 다음날부터 일 나가지 않아도 되니 좋을 수도 있지만 그렇지 않을 수도 있다. 하루아침에 모든 것이 단절되었다고 느낄 수도 있다.

또 다른 집사님이 직장을 그만두셨다. 제법 인정받던 직장이었는데, 예배와 시간이 겹쳤기 때문이다. 그 용기 있는 믿음을 축복하고 싶었다. 정성껏 꽃다발을 준비해서 서로 축하하고 축복하는 시간을 가졌다. 이것을 보고 믿지 않는 남편이 주일날 교회에 나왔다.

우리는 사랑을 베풀라고 배우며, 실제로 그렇게 살기 위해 노력한다. 문제는 교감이 되는 일이냐는 것이다. 교감이 없이 일만 한다면 단순한 행사로 끝이 나거나 생색내기가 되어 영혼을 살리지 못한다. 가만 보면 세상을 향하여 사는 것은 되는데, 교회를 다닐수록 가장 가까운 이웃으로서 가족에게 잘 못하는 경우가 많은 것 같다. 교회도 똑같다. 선교를 강조하고 사랑을 말하는데, 정작 가장 가까이에서 수고하는 성도의 삶은 너무나 당연한 봉사로 여기곤 한다.

신앙은 삶이다. 그 삶이 모여 한 사람의 인생이 된다. 교회는 그 삶의 한 부분이라고 하기에는 너무 크고 중요하다. 많은 이들에게 자기 인생 이야기는 곧 교회 이야기이기도 하다. 그래서 성도들 사이에 따뜻한 이야기가 많아지고 교회로 인해 눈물짓는 일은 없었으면 한다. 왜냐하면 누군가에게는 인생 자체가 교회이기 때문이다.

성도들은 밖에 나가 일을 해서 주님의 몸 된 교회를 세워 가고 선교 사명 감당하는 일에 헌신한다. 그렇게 평생 한 교회를 섬기는데, 당연히 교회가 직장을 그만둔 성도를 위해 무엇인가 할 수 있어야 하지 않을까. 아주 작은 마음이지만 하늘땅교회가 개척해서 지금까지 지켜 온 정신이다. 꽃다발을 전달할 때마다 열심히 헌금한 분의 헌신을 기억한다고 이야기한다.

교회가 성도의 삶을 격려하는 일을 하는 것은 너무 중요하다. 성도들의 사랑으로 교회가 세워졌으니, 교회도 지체인 성도들의 출산, 생일, 결혼, 은퇴 등을 축복하는 것이 당연하다. 한 직장에서 소금과 빛의 역할을 감당하느라 수고한 성도들의 삶을 축복하고 격려하는 것이 목회자인 나의 특권이라고 생각하면 한없이 기쁘고 감사하다.

지금까지 계속해서 축복하는 일에 앞장서 왔다. 사정이 있어 떠나는 성도들조차 아쉽지만 모두 꽃다발을 건네며 축복했다. 좋은 기억을 남기고, 다음을 위해 함께할 수 있는 사랑을 남겨 놓는 것이 우리가 살아가는 지혜다. 마지막인 줄 알고 떠나보내며 잔치를 열었는데, 다시 직장 따라 이사를 와 함께하는 이들도 있다. 늘 서로를 축복하는 삶을 택할 수 있는 것도 믿음이다.

직장을 그만두고 빈손으로 돌아온 성도, 그 빈손으로 주님 앞에 나와 그동안 짊어졌던 세상 짐을 내려놓은 예배, 그 믿음을 칭찬하고 걸어온 삶을 축복하는 일이 하나님 나라에서 최고의 일이다. 모든 것을 잃어버리고 돌아오는 성도를 더 귀하게 여겨 주는 예배, 세상으로부터 버림받고 돌아오는 성도라면 조건 없이 안아 주는 예배, 이것이 마지막까지 우리가 지키고 드리고 싶은 예배이다. 예배, 아무 자격 없는 우리가 초대받은 잔치이기에 하늘땅교회 역시 자격 없는 자를 더 맞이하는 천국 잔치를 꿈꾼다.

PART 3

보냄받은

선교
공동체

Called into
community

교회는 보냄의 공동체이다.
하나님의 부르심을 받아 모인 교회는,
세상 속으로 흩어져야 한다. 다시
세상으로의 부르심을 살아 내고,
그곳에서 다시 교회로 세워지는
양방향 신앙을 가져야 한다. 교회와
세상은 다르지 않다. 교회를 세상에
옮겨 놓아 그곳에서 살아 내는
예배가 있고, 삶이 있고, 기도가 있고,
눈물이 있다면 그곳이 선교적 삶의
현장이다. 교회는 우리만의 공동체가
아니다. 세상으로 파송받고 보냄받은
공동체이다. 더욱 지역으로, 마을로,
동네로, 골목으로 들어가서 살아 내야
할 의무가 있다. 그것이 사회봉사이며
선교이다.

섬김과
선교적
삶

그리스도의
복음서가 되어

흔히 교회를 모이는 곳이라고 한다. 하나님이 부르신 공동
체이기에 당연하다. 다만 흩어짐을 준비하는 모임이어야 한
다. 잘 흩어지기 위해 모이고 세움받아야 한다. 하나님은 우리
를 교회로 부르셨고, 또한 세상으로 부르셨다. 그래서 성도는
두 세상에서 살아가야 한다. 더 정확하게 말하면 세상에 속한
구별된 교회에 있어야 하는 것이다.

그렇기에 예배의 마지막은 세상으로 흩어져 마을에서 살아 내고, 직장에서 살아 내야 한다. 우리가 말하는 선교적 교회(missional church)의 의미이기도 하다. 내가 살아가는 현장에 주의 말씀이 임하고, 주의 사랑이 나눠지고, 주의 통치가 드러나고, 그곳에 한 사람의 예배자가 세워지는 것을 말한다.

예수님은 제자들을 세상에서 부르셨고, 세상 속으로 부르셨고, 각 마을로 보내셨다. 현장으로 보내 살아 내도록 하셨다. 성령의 일하심이 현장에서 펼쳐지는 삶의 자리를 통해 주의 제자로 다시 태어나게 하셨다. 교회라는 건물 안에 갇혀 있는 것이 아니라 흩어져 살아 내는 자리에 주님이 함께하셨다.

우리는 하나님의 백성으로 부름받은 동시에 주의 제자로 보냄받아 살아가는 예배자들이다. 주의 제자는 파송받은 현장 가운데서 살아 내야 한다. 교회는 늘 모이는 데 집중하지만, 주님은 모인 백성을 주의 제자로 세상 가운데 보내는 일에 관심이 있으셨다. 그곳에서 모든 족속을 제자 삼는 일을 하라고 명령하셨다. 따라서 교회는 다시 오실 주님을 기다리며 보냄받은 백성으로 살아야 한다. 교회라는 담장 안에만 있어서는 안 될 일이다.

매 주일 세상으로 흩어지는 성도들을 축도하며 파송한다. 그냥 손을 들어 세상으로 흩어지는 성도들을 축복하는 것이 아니라 그들이 머무는 세상을 축복하는 것이다. 그곳에서 무엇을 해야 할지 말씀으로 준비하는 곳이 교회이며, 우리는 '그리스도인 복음서'가 되어, 마을마다 파송받은 살림꾼이 되어 생명을 살리는 사명자로서 깊이 들어가야 한다.

우리는 교회가 무엇인지 끊임없이 질문한다. 교회는 하나님 나라 백성 공동체이다. 예수 그리스도의 십자가 사건에 부름받은 예배 공동체이며, 예수의 부활을 통해 세움받은 교육 공동체이다. 더 나아가 하나님 나라를 이 땅에서 이루기 위해 보냄받은 선교 공동체가 바로 교회이다. 세상을 향해 예수 그리스도의 소망을 전하는 동시에, 그분의 약속이 어떻게 성취되는지 보여 주는 공동체이다. 교회는 세상의 평화를 위해 존재하는 동시에, 세상과 다른 삶의 방식을 보여 주는 대안 공동체이다.

예배만 강조되고, 모이는 것만 강조되는 현실은 교회를 자기들만의 공동체로 게토화하고, 집단 이기주의에 빠뜨린다. 부름받은 공동체, 세움받은 공동체, 그리고 보냄받은 공동체라는 균형적인 이해와 사역을 통해 세상의 소금과 빛이 되어야 한다. 부활하신 주님은 재림의 주로 다시 오기 전까지 교회가 어떻게 해야 하는지 이미 말씀하셨다.

"너희는 가서 모든 민족을 제자로 삼아"(마 28:19)

"온 천하에 다니며 만민에게 복음을 전파하라"(막 16:15)

"너희는 이 모든 일의 증인이라"(눅 24:48)

"내 양을 먹이라"(요 21:15)

이 복음서의 말씀은 교회가 다시 오실 주님을 기다리며 무엇을 해야 하는지 명확하게 전하고 있다. 이제 세상을 향해 보냄받은 공동체로서 살아가야 할 우리다. 교회의 존재 양식은 하나님 나라 선포와 증거를 위해 부름받고 세움받은 공동체로서 다시 보냄받는 것이다.

교회의 자리매김은 '이미(alredy)와 아직(not yet)' 사이에 늘 존재한다. 그래서 교회는 해야 할 일이 있고, 해야 할 사명이 있다. 주님이 명하신 일이다. 예수님도 공생애를 살며 이렇게 기도하셨다. "아버지께서 내게 하라고 주신 일을 내가 이루어 아버지를 이 세상에서 영화롭게 하였사오니"(요 17:4) 이제 "아버지께서 내게 하라고 주신 일"을 우리가 해야 한다. 그것은 우리 가운데 계신 하나님을 증언하는 공동체로서 세상에서 살아 내는 것이다. 이것이 선교적 교회이다.

한국 교회의 앎과 삶, 지식과 행동 사이에는 불균형이 있었다. 편파적이었다고 할까. 사회봉사, 섬김, 선교를 열심히 해왔으나 세상 가운데 소금과 빛으로 드러나는 데 부족하지 않았을까. 목회자를 광고하고, 섬기는 교회만을 더 알리는 목적이 컸던 것은 아닐까?

보냄받은 공동체로서 교회는 섬김과 선교의 사명을 감당해야 한다. 교회의 존재 이유가 거기에 있다. 거창하지 않아도 내가 있는 곳에서 자발적으로 "소망에 관한 이유를 묻는 자에게"(벧전 3:15) 주의 사랑으로 그 소망을 표현해야 한다. 겸손하게 낮은 곳으로 흘러가는 예수 그리스도를 따르는 삶이 필요하

다. 그렇게 교회는 위대함보다 진실함으로 세상 가운데 있어
야 한다.

환대하는 삶

목회자들은 누구랄 것 없이 교회는 무엇을 해야 하는지,
그 존재 의미를 고민한다. 사도 바울은 골로새서 3장 14~15절
에 이렇게 말씀했다. "이 모든 것 위에 사랑을 더하라 이는 온
전하게 매는 띠니라 그리스도의 평강이 너희 마음을 주장하게
하라 너희는 평강을 위하여 한 몸으로 부르심을 받았나니 너
희는 또한 감사하는 자가 되라" 즉 우리를 한 몸으로 부르신 목
적은 평강에 있다는 것이다. 세상 가운데 평강을 전하는 도구
로 부름을 받았다.

주님이 명령하신 평강은 우리에게 쉬운 일 아니다. 바울이
빌레몬에게 오네시모를 한 형제로 받아 줄 것을 간청하던 방
식을 떠올려야 한다. "네게 마땅한 일로 명할 수도 있으나 도
리어 사랑으로써 간구하노라"(몬 1:8~9) 평강이 우리 마음을 주
장하게 하려면 우리는 어떠해야 할까? 바울은 에베소서 4장
1~3절에서 "그러므로 주 안에서 간힌 내가 너희를 권하노니
너희가 부르심을 받은 일에 합당하게 행하여 모든 겸손과 온

유로 하고 오래 참음으로 사랑 가운데서 서로 용납하고 평안의 매는 줄로 성령이 하나 되게 하신 것을 힘써 지키라"라고 강조한다.

지금 우리에게 필요한 것은 주님의 마음이다. 모든 일을 겸손과 온유로, 오래 참음과 사랑으로 해야 한다. 서로 용납하는 너그러움으로 성령이 하나 되게 하신 것을 힘써 지켜 내야 하는 것이다. 자격을 따지지 않고 기꺼이 내 집에 형제를 초대하고, 오 리를 가자는 사람과 십 리를 함께 가며, 속옷이 없는 사람에게 겉옷까지 내어 주고, 구하는 자에게 주고자 하는 것이 주님의 가르침이다. 주의 평강을 이루어 내는 비결이다.

환대의 정신은 예수님이 가르쳐 주셨다. 일찍이 초대교회는 손 대접이라는 전통이 있었다. 나그네, 과부, 고아에 대해서 귀히 여기는 마음이 있었다. 자신의 체면이나 자존심보다 우위에 있는 것이 환대다. 교회는 한 영혼이 소중한 존재임을 잊지 말아야 하고 마땅히 환대해야 한다. 교회가 실천해야 할 당연한 일이다. 그래서 문을 여는 것이다. 가정을 개방하는 것이다.

매 주일 모이는 교회는 남녀노소 할 것 없이 주님의 교회에 찾아온 모든 사람을 환영한다. 학력, 출신 배경, 경제 수준이 무슨 상관일까? 아마도 어떤 이해관계도 없이 마음을 나누는 공동체는 교회가 유일할 것이다. 환대를 실천한다는 것은 자랑하려 하거나 드러내어 칭찬받으려는 것이 아니며, 주님이 보내신 한 영혼을 기뻐 맞이하는 일이다.

우리는 날마다
교회가 무엇인지
묻는다

우리가 세상으로 보냄받은 백성임을 잊지 않고 살아간다면 우리의 말이 변해야 한다. 모든 것을 내 입장에서 개념을 규정하려는 습관이 몸에 배어 있는 우리다. 그러나 환대의 정신으로 이웃을 바라보고 열방을 품는다면 우리는 하나님이 하라고 하신 일을 감당하는 도구일 뿐임을 깨닫게 될 것이다. 우리에게는 아무 자랑이 없다.

하늘땅교회를 개척하고 가장 많이 바뀐 것은 내 입장에서 말하거나 판단하거나 일하지 않는 것이다. 너무 익숙한 나의 옷차림조차도 내가 서게 될 자리에 나오는 사람들에 맞춰 입게 된다. 누군가 내게 말해 준 적이 있다. "이 목사님, 전공이 선교학이지? 그런데 상대방의 눈높이에 맞추는 게 쉽나?" 나는 그 질문 속에서 내 모습을 돌아보게 되었다.

개척 후 교회 안에 어려움이 찾아왔을 때, 주님께 작정하고 물었다. 그때 주님이 주신 마음은 '너는 이곳에 선교사로 왔다'는 것이다. 아니 해외도 아닌데 나를 왜 선교사라고 하실까 생각했다. 나중에 알게 되었지만, 이제 지역성이라는 것이 뚜렷하지 않다. 전국 각지에서 이동한 사람들이 모여 살다 보니 그렇다. 그 많은 사람들에게 나를 맞추려면 선교사가 선교지에 가서 자기를 철저히 낮추듯 해야 한다.

내가 안다고 강요할 수 없고, 내가 좋다고 바꾸라고 할 수도 없다. 내 위주의 선교는 더 이상 설 자리가 없다. 철저한 낮아짐의 선교를 통해 복음이 이방 땅에 전해지는 것이다. 아무 자격 없는 우리가 누군가에게 '주었다', '도왔다'는 말도 나의 입장에서 하는 말이다. 상대방을 배려하는 환대를 생각하면 나는 그저 '통로'에 불과할 뿐이다.

하늘땅교회가 오산의 이웃들 속에 살면서 많이 한 것이 장례 집례다. 부목사 시절 장례식을 많이 집례한 것이 이렇게 특별한 은사로, 섬김으로 쓰이게 된 것이다. 개척하고 하나님의 은혜로 노인정 어르신들을 모두 전도하는 일이 있었다. 자연스럽게 어르신들을 많이 만나는 계기가 되어 장례를 집례할 일이 많아졌다. 또 팬데믹 이후 이런저런 사정으로 교회를 잃어버린 사람이 많다. 생각지도 못한 이들이 찾아와 부모님의 장례식을 기독교장으로 부탁해 오기도 한다.

기쁠 때 함께하는 것도 중요하지만, 어려움 당한 이웃을 위해 장례식 집례를 부탁받았다면 당연히 해야 하는 일이 아닐까 싶다. 오늘도 길 잃은 나그네들이 찾아오는 하늘땅교회가 되길 바란다. 인생의 방황을 누군가는 붙잡아 주어야 다시 설 수 있기에 감당하고 싶은 것이다. 한번은 교회 건물의 주인이 어머니의 장례를 부탁했다. 교회에 나오지 않는데, 어머니의 오래전 신앙을 따라 기독교 장례로 하고 싶었던 것이다. 기꺼이 기쁨으로 온 성도가 함께 참여할 수 있는 것도 환대하는 마음이 있기 때문이다.

성도들이 이 마음을 알기에, 각자의 사업장을 통해 누군가를 섬기고 싶어 한다. 때로는 장학금을 내어놓겠다고 말한다.

우리 자녀들이 돈이 없어 공부를 못 하는 일이 생기지 않도록 서로 부모가 되어 주는 교회여서 감사하다. 많이 가져서 나누는 것이 아니라 고아와 같았던 나를 환대해 주신 주님의 사랑을 알기에 그렇게 한다. 주님이 지신 십자가는 나의 영혼까지 받아 주신 최고의 환대다. 그 사랑을 잊지 않고 살아간다면 교회는 세상 가운데 소망의 울림통이 될 것이다.

필요한 자리에 있어 주는 교회

오산에 내려왔을 때, 아내는 어디에 교회를 얻을 거냐고 물었다. 출근할 사무실은 있냐고 했다. 아내의 눈에 대책 없는 사람처럼 보였을 것이다. 교회 개척을 선포하고 나서 8개월은 광야의 시간이었다. 그 광야가 정리되고, 드디어 가정에서 하늘땅교회가 시작되었을 때 이야기이다.

오산은 젊은 도시답게 맞벌이 부부가 많았다. 그만큼 아이들은 부모가 출근하고 퇴근해서 집으로 돌아오기까지 휴대폰이나 컴퓨터 게임에 방치되어 있기 마련이었다. 방과 후 학원을 다녀와서도 빈집에 돌아가기 싫은 아이들은 운동장 구석에서 혼자 놀거나 여기저기 기웃거리며 돌아다녔다. 그런 아이들이 보이기 시작했다.

나의 축구 실력은 뛰어나지도 않았지만, 무작정 그 아이들과 함께 놀기로 했다. 아이들의 외로움을 끊어 줄 아저씨가 있다는 사실만으로도 기뻤던 것 같다. 그렇게 1년이 지났을 것이다. 어느덧 운동장에는 80여 명의 아이들이 남아서 나를 기다렸고, 서로 어울려 함께 축구를 하게 되었다.

하루는 교장 선생님이 뭐하는 사람이냐고 물었다. 운동장에서 아이들이 즐겁게 노는 모습을 보면서 궁금했다고 한다. 내가 운동장에 들어서기만 해도 기다렸다는 듯이 아이들이 우르르 달려와서 왈칵 안기면 그렇게 행복할 수가 없었다. 거창한 계획을 가지고 교회 개척을 준비하지 않아도 이렇게 아이들과 함께라면 좋았다.

당시의 아이들은 이제 대학생이 되고, 군대도 가게 되었다. 교회에 출석하든 안 하든, 그 아이들은 나를 좋은 아저씨로 기억했고, 유년 시절이 그래서 행복했다고 추억한다면 기쁘고 감사할 따름이었다. 하늘땅교회의 존재 목적이기도 하다.

군대가 선교의 황금 어장이라 불리곤 하는데, 내게는 운동장이 그랬다. 함께 노는 아이들이 너무 많아 어찌할 수 없을 정도였다. 매일같이 라면을 스무 봉지 이상 끓여서 함께 먹고 축구하고 음료수를 마시고 헤어졌는데, 개척 3년 차가 되자 빚이 2천만 원이나 되었을 정도였다. 이것저것 따지지 않고 다 주고 싶은 마음이었다. 교회는 마을로 들어가 함께 놀아 주는 것이라 생각했기에 기쁘게 감당할 수 있었다.

우리는 날마다
교회가 무엇인지
묻는다

학교 수업이 끝나면 아이들은 학원 차를 타고 움직인다. 그렇지 않은 아이들은 나를 기다린다. 아이들을 만나 보면 그 안에는 반드시 리더가 있다. 이 아이들이 친구들을 축구에 초대해서 나에게도 소개한다. 방학에도 꾸준히 모이니 한 번씩이라도 운동장에 온다. 눈이 와도 비가 와도 서로 신뢰하는 관계이기에 그 자리를 지켰다.

어떤 만남이든 꾸준하고 지속적인 사랑이 아니면 신뢰하기 쉽지 않은 것 같다. 아이들 안에는 이미 부모로부터 외면당한 아픔이 있었다. 한번은 교회 예배에 나오게 된 아이가 자기는 사람에게 버림받은 느낌이 가장 힘들다고 했다. 초등학생의 입에서 나온 말에 놀랐지만 외면당한 아픔이 있는 아이니까 정말 그렇겠다 싶었다. 그래서 더 약속을 지키고, 믿음을 주고, 신뢰를 쌓아 갔다. 단순하게 축구하는 것이 아니라 아이들이 언제든지 찾아올 수 있는 시간이었다. 청년이 된 지금도 아이들은 가끔 그때가 그립다고 문자를 보내거나 보고 싶다고 전화한다. 그때마다 어떤 마음인지 아니까 아이가 있는 서울까지도 캠퍼스 소풍을 가게 된다.

모든 사역은 교회가 존재하는 곳에서 다시 기록된다. 아무리 좋은 사역이라도 우리 지역에 오면 다시 만들어진다. 그래서 선교지는 신학의 현장이며 개척의 일기장이다. 많은 세미나를 다니지 않아도, 우리에게 필요한 것은 사랑이고 관심이라는 사실을 안다. 교회가 여전히 존재해야 하는 이유는 누군가가 정말 필요로 할 때 그 자리에 있어 주기 위함이다. 그래서 교회는 무슨 대단한 일을 하지 않아도 그곳에 자리하는 것만으로도 의미가 있다.

인생의 절박한 문제를 만난 아이들이 찾아갈 곳이 의외로 없다. 대화하고 고민을 나눌 곳이 없다. 그들이 가장 마지막에 찾아가는 곳은 사회가 제도적으로 만들어 놓은 곳이다. 하지만 이미 문제가 커진 후에 찾아가는 곳이며 그제야 아이들의 사정을 들어 주는 곳이다. 교회가 무너진 성읍을 가로 막고 서서 우리 아이들을 지켜 내야 한다. 부모와 대화가 단절되고, 학교에서 문제 행동을 일으키는 아이가 되어 버리기 전에 만나야 한다.

누군가의 가슴 아픈 소리에 귀를 기울이는 사역, 들어만 주어도 하나님의 가장 큰 일을 감당했다는 생각은 여전하다. 사랑은 변함없는 마음이다. 조건을 따지거나 이득을 구분하지 않는다. 그저 자신의 자리를 지키는 고목처럼 누군가의 쉼터가 되기만 해도 좋다. 그들이 돌아올 고향이 하늘땅교회이길 바라는 마음에 교회를 옮기는 일도 용기 내지 못하며, 누군가 귀하게 보고 청빙 자리를 제안해도 갈 수 없다. 내가 부름받고 있어야 할 곳은 바로 이곳 오산이다. 아니, 오산(烏山)이 오산(誤算)이 아님을 증명하는 일이다. 사랑에는 실패가 없다.

주손발
선교회

일찍이 마더 테레사(Mother Teresa)는 나눔과 섬김은 마음만 있으면 된다고 했다. 교회를 개척하고 아무것도 없을 때부터 세상에 나누고 섬기는 공동체로 살고 싶었다. 노숙자를 위해 수제비 목회를 하겠다며 밤마다 여러 종류의 수제비 끓이는 비법을 연구했다. 어릴 적 부모님으로부터 어깨 너머로 본 기억을 더듬으며 말이다.

많은 이들이 교회가 안정되면 선교하겠다고 한다. 하지만 많은 교회가 수적으로 성장해도 그만큼 선교하지 않는다. 선교는 물질로만 하는 것이 아니다. 오히려 믿음과 말씀이 더 절실하다. 주의 말씀이 머리에서 가슴으로 내려와 다시 손과 발을 움직이는 선교를 해야 한다. 그래서 하늘땅교회는 주손발 선교회를 만들었다.

매월 마지막 주 토요일이면 전 교인이 자발적으로 참여하여 봉사의 자리로 나아간다. 적게는 40여 명, 많게는 60여 명이 참여한다. 처음에는 돈이 없으니 몸으로라도 주님 마음 가지고 섬기자는 생각이었다. 노인정에 가서 청소와 레크레이션을, 요양원에 가서 청소와 노래와 율동을, 아동 보육 시설에 가서 청소와 놀아 주기를, 장애인 시설에 가서 청소와 말벗과 환경 미화를 도왔다. 우리 입장보다 필요로 하는 요청이 있으면 그렇게 하려고 더 애썼다.

한 동네에 교회가 존재한다는 것은 어떤 의미일까? 소망의 빛이 될 수 있으면 좋겠다. 사실 교회가 나서서 할 수 있는 일이 그리 많지 않다. 하지만 무슨 일이든 꾸준히 할 수 있는 인적 인프라가 있다. 성도들이 깨어 있는 사회 시민이 되면 교회뿐만 아니라 지역에서도 당당하게 자기 몫을 알고 감당한다. 성도는 온실 안에 사는 자들이 아니라 세상을 향해 눈을 돌리고 그곳에 하나님의 사랑을 심는 자들이 되어야 한다. 내적으로 쌓아 놓는 교회가 아닌 외적으로 나눠 주어 늘 초심을 그대로 유지할 수 있는 교회이면 좋겠다.

어느 날 하늘땅교회가 걸어가는 길을 응원하려고 몇 분이 오셨다. 제법 큰 교회에서 신앙생활을 하는 분들이다. 도움이 필요한 곳이 있으면 함께하고 싶다고 했다. 덕분에 개척 교회 지원, 해외 선교사나 유학생 지원 등을 하게 되었다. 하늘땅교회가 세워지는 데도 여러모로 도움을 주셨지만 작은교회연구소가 하는 일에 대해서도 아낌없이 응원해 주셨다.

서로가 마음의 문을 열지 못하게 된 오늘날, 누군가는 여전히 손을 내밀고, 누군가는 여전히 주께서 맡기신 사명을 감당한다. 하나님의 뜻만 붙잡는다면 함께할 사람들은 아직도 준비되어 있음을 느낀다. 우리의 계산 너머에서 일하시는 주님은 더 정확하게 풍성한 하나님의 계획을 쏟아 놓으신다. 주손발 선교회의 취지를 아시고 필요한 것이 있으면 돕겠다고 하신다. 나 혼자 해야 할 것 같지만 또 다른 누군가가 풍성하도록 도움의 손길을 얹는다.

이런 사역들을 하다 보니, 개척 때부터 늘 고민하는 것은 성도 한 사람이 자기 자리에서 선교적 삶을 살도록 어떻게 도울까 하는 것이다. 오늘날 우리는 초대교회와 같이 다문화, 다언어, 다종교 사회에 살고 있다. 그래서 더더욱 초대교회의 모습에서 보화를 찾아낼 필요가 있다. 특히 코로나가 세상을 덮친 것처럼 초대교회 역시 비슷한 상황을 두 차례나 겪었다. 165년 안토니우스 역병과 251년 키프리아누스 역병이다.

이 당시 교회가 보여 준 삶은 세상과는 완전 다른 방식이었다. 사람들이 자기 목숨을 위하여 숨거나 도망갈 때 초대교회 성도들은 환자들을 데려다 보살피고 장례를 치러 주었다. 오히려 이 일을 하다가 죽는 것을 순교처럼 여겼다. 이런 모습을 보고 이교도나 하나님을 경외하는 사람들이 기독교로 개종하는 일이 많아졌다.

오늘을 살아가는 교회의 자리도 이와 같아야 한다. 모두 어렵다고 마음 문을 걸어 잠갔지만 한 발 더 다가가 이웃을 살펴야 한다. 사실 가장 가까운 이웃이 등을 돌리면 지구 한 바퀴를 돌아야만 만날 수 있는 것이다.

그동안 작은교회연구소를 통해 초교파적으로 41개의 개척교회가 세워졌다. 하늘땅교회 역시 성도를 파송하여 분리 개척을 하고자 계속 노력해 왔다. 역사상 교회가 세워지고 또 없어지는 일은 수도 없이 많았을 것이다. 이를 심각한 문제로 여기지 않았는데, 이제는 없어지는 교회가 개척되어 세워지는 교회보다 더 많다. 수년 안에 교회의 현실은 어두울 것이 분명하다. 그럼에도 주님의 몸 된 교회가 세워지고 십자가 불이 밝혀지는 일을 통해 주님의 복음은 전해져야 한다.

교회가 한 마을에 세워진다는 것은 그야말로 위대한 역사다. 그 교회가 이웃에게 다가가 그들의 삶을 만지면 회복되어 새로운 인생을 살아가게 된다. 이것은 한 세계를 얻은 것이나 다름없다. 부모님으로부터 버림받고 아픈 인생의 역사를 가진 아이들이 얼마나 많은가. 그러나 교회가 세워지면 이로 인해 삶이 회복되고 결국 자기 길을 찾아 걷는 청년들이 생겨나기 시작한다. 그들이 교회에 대해 어떤 마음이든지 상관없이 자기 인생길을 포기하지 않고 걸어가도록 돕는 버팀목이 되었다는 것은 실로 위대한 혁명이다.

지금까지 주손발 선교회는 세워지는 교회를 돕기 위해 최선을 다해 왔다. 하늘땅교회 안에 자발적으로 조직된 주손발 봉사단과 초교파적으로 운영되는 주손발 선교회, 그리고 목회자와 교회를 돕고 세우는 작은교회연구소가 함께 연합하여 교회 세우기를 계속하고 있다. 세상에 드러나지 않는 한 교회의 눈물겨운 이야기이지만 이 일을 통해 성도들은 하나님 나라의 백성으로 살아가려고 애쓰며, 하나님 나라 관점으로 교회

우리는 날마다
교회가 무엇인지
묻는다

를 바라보고 세상을 품는 일을 계속해 가고 있다. 혼자가 아니라 함께 이 일에 동참하는 동역자가 되고 있다. 혼자 가면 혼자 갈 뿐, 함께 가면 더 멀리 갈 수 있는 우리이다.

○○○
장학금

날마다 마음에 다짐하는 것이 있다. 돈에 대해서 깨끗하고 욕심내지 말자는 것이다. 목회자가 되기까지 선배 목회자들의 부흥과 영광을 보았다. 그러나 가슴 아픈 것은 비참한 말로(末路)도 보았다. 많은 것이 돈과 관련된 것을 보면서 돈에 대해서 깨끗하고자 애쓴다. 교회 밖에서 받는 강사료를 포함한 모든 것은 교회의 장학 위원회에 헌금한다. 꼭 이래야 한다는 것이 아니라 나를 지키려고 나름대로 정해 놓은 원칙이었다.

개척 초기부터 만난 아이들에게는 아픔이 많았다. 그래서 그들의 부모가 되어 주고 싶었다. 교회에 장학 헌금을 모아 학기마다 형편껏 장학금을 지출했다. 이 일은 성도들에게도 도전이 되어 몇몇 사람은 매달 작정하여 별도의 헌금을 했다. 그래서 교회 아이들과 지역 내 학교에 장학금을 전달할 수 있었다. 부족하고 작지만 마음은 크다. 아직 월세를 내고 있지만 건물에 연연하지 않기에 할 수 있다.

이렇게 교회가 조금씩 세워져 갈 때 생각지도 못한 분이 교회를 방문했다. 집사님은 병색이 깊었다. 평생 교직에 있었던 집사님은 암 투병을 위해 휴직하고 멀리서 이곳 친정까지 오게 된 것이었다. 더 이상 살 소망이 없던 집사님은 꾸준히 하늘땅교회 저녁 기도회에 참석했다. 몇 달을 넘기지 못할 것이라는 의사의 최종 진단과 상관없이 2년 넘는 시간을 뜨겁게 신앙생활을 했다. 또 가족 모두를 전도하여 평생 한 번도 가 보지 않은 교회로 인도하셨다. 지금은 어머니가 딸을 다시 만나겠다는 소망으로 뜨겁게 신앙생활을 하고 있다.

지금까지 목회하면서 이렇게 숭고한 믿음으로 사는 분은 처음 봤다. 죽음이 늘 기다리고 있으나 그것을 이미 초월한 자처럼 살았다. 마지막 임종 예배를 드리던 날, 찬송 중에 얼마나 환하게 웃으며 작별했는지 지금도 생생하다. 장례식에서 전했던 본문도 기억난다. "내가 진실로 너희에게 이르노니 온 천하에 어디서든지 이 복음이 전파되는 곳에서는 이 여자가 행한 일도 말하여 그를 기억하리라 하시니라"(마 26:13) 지금까지 집사님을 선명하게 기억하는 성도들이 있다. 그만큼 개척 교회에 큰 감동을 주었고, 신앙적 삶에 도전을 주었던 분이다.

가만히 생각해 보면 우리 인생은 아무것도 아니다. 욥의 고백처럼 한 호흡이다. 주님께서 호흡을 이어 주시니 사는 것이다. 어쩌면 우리는 오늘도 살날을 지워 가고 있는지 모른다. 오히려 죽음이 더 가까이 왔다는 종말론적 신앙으로 살아가야

우리는 날마다
교회가 무엇인지
묻는다

한다. 물론 믿는 우리는 죽음으로 끝나지 않고 영원한 생명을 준비하기에 지금의 시간이 너무 소중하다.

집사님은 교육 현장에서 일해서인지 교회 아이들의 딱한 사정을 보고 자주 울었다. 늘 마음으로 아이들을 돕고 싶어 했다. 특별 헌금도 하고, 장학 헌금도 했다. 장례 전에는 연금의 일부도 교회에 자동 이체를 해 놓았다. 이것을 도저히 그냥 사용할 수 없어서 가족과 만나 집사님의 이름으로 장학 위원회를 만들게 되었다. 가족은 오히려 교회에 감사하다고 하며, 지금까지 매달 집사님의 유지대로 헌금을 보내고 있다. 이것이 매학기 청년들을 위해 대학교 등록금으로 나가는 장학금이 되었다.

그날은 가족들이 흩어져 살다가도 직접 교회에 방문해서 장학금 전달식을 함께 한다. 그때마다 그 이름이 기억난다. 집사님의 마음을 부모 형제가 다 알기에, 언젠가는 모두 하나님을 믿게 될 거라는 확신이 든다.

장학금을 받는 학생들도 배경을 알기에 고백한다. "나도 집사님처럼 누군가에게 장학금을 주어, 인생의 빛을 찾도록 도와주겠습니다." 이 광경을 보며 성도들은 모두 운다. 그래서 장학금이 전달되는 날은 가슴도 따뜻하고 눈물도 나는 날이다. 사실 현대인들이 살면서 감동의 눈물을 흘릴 일이 얼마나 될까. 그것도 진실로 감동이 되어 흘리는 눈물은 많지 않을 것이다.

지금도 교회는 신앙으로 산다는 것이 무엇인지 배운다. 또한 믿는 신자에게 있는 그 영광이 무엇이며, 우리가 부활한다는 것이 구체적으로 무엇인지를 배운다. 매년 집사님의 이름으로 교회가 장학금을 전달할 때마다 그가 걸었던 신앙의 여정이 생생하게 다시 회자된다. 이것이 죽었으나 다시 사는 부활 아닐까.

매년 생각나는 집사님은 개척해서 여기까지 올 수 있는 힘이 되었다. 보여 주신 신앙이 너무 숭고하여 따르고 싶은 마음에 이 자리를 지키고 있다. 장학금을 받는 아이들은 숙연한 마음으로 공부하여 몇 명은 정말 인생 역전을 경험한 간증이 있다. 탈선하기 쉬운 환경 속에서 스스로 공부하여 새로운 인생을 개척한 청년들이 되었다. 지금은 후배들의 등을 두드려 주는 듬직한 신앙 선배가 되었다. 단순한 말보다 그 과정을 고스란히 넘긴 선배들이 위로하고 격려하는 이야기가 신앙으로 사는 것이 무엇인지를 더 선명히 보여 준다. 이것이 교회의 신비이다. 세상이 보여 주거나 가르쳐 주지 않는 것을 예수를 따른다는 이유만으로 보여 줄 수 있다는 것이 얼마나 벅찬지, 신앙은 결국 삶이라는 생각이다.

이 모든 것 위에 사랑을 더하라
이는 온전하게 매는 띠니라
그리스도의 평강이 너희 마음을 주장하게 하라
너희는 평강을 위하여 한 몸으로 부르심을 받았나니
너희는 또한 감사하는 자가 되라

골 3:14~15

다시 울리는
저녁송

개척하고 지금까지 매년 성탄절 저녁송을 돌았다. 이때가 되면 교회들은 보통 전야제 발표회를 하거나 이웃 사랑의 일환으로 헌금을 가지고 섬기는 일을 한다. 하늘땅교회도 몽골로 선물 상자를 200박스 보내고, 파지 줍는 어르신들을 위해 1년 동안 모은 옷가지로 쌀을 사서 드리는 일을 해 왔다.

가장 중요한 것은 그동안 품었던 가정이나 새로 온 가정들, 특별히 어려움에 처한 가정을 돌아보는 것이다. 이를 위해 몇 개의 팀으로 나눠서 사방에 흩어진 성도들 가정을 방문한다. 주의 천사가 되어 저녁송을 돌 때마다 마음 한편에 찾아오는 훈훈함이 있다. 집 안으로 초청받기도 하고, 한 해 동안 감사했던 일을 나누기도 한다. 처음 온 성도는 가정을 공개하기가 쉽지 않은데 저녁송을 들으며 처음으로 가정을 보여 주기도 한다. 모두가 간절히 아기 예수님을 기다리는 마음이 된다.

성탄절이 가까이 오면 다양한 기억이 떠오른다. 한번은 저녁송을 준비하는데 갑자기 권찰님에게서 전화가 왔다. 멀리 일을 왔다가 연락받고 급하게 올라가는 중인데, 아내가 갑자기 쓰러져 위독하니 대신 병원에 가 달라는 부탁이었다. 차가 밀리는 시간이라 급한 마음에 시내의 병원까지 뛰어갔던 기억

우리는 날마다
교회가 무엇인지
묻는다

이 있다.

또 다른 한 권찰님은 성탄절 날 교회 주관으로 장례식을 진행하기도 했다. 마지막을 뵙지 못하고 아쉬운 작별을 했는데 지금도 성탄절 즈음이 되면 어김없이 기억이 난다. 고향 선산에 장례하던 날 그렇게 눈이 많이 왔다. 하나님 품에 안긴 권찰님을 생각하며 젊은 목사가 집안사람들 앞에서 얼마나 뜨겁게 마지막 장례 설교를 했는지 모른다. 그 후로 해마다 집안에서 농사 짓는 한 분이 교회로 쌀을 두 자루씩 보내온다. 권찰님의 남편도, 아들도 주 안에서 자기 자리를 잘 지키고 있다.

이렇게 서로의 추억이 쌓여 가는 고향 같은 교회, 이번 성탄절에는 '내가 기억하는 성탄절'이라는 제목으로 간증의 시간을 가졌다. 성도들 모두 유년 시절 고향 교회의 성탄 전야제와 성탄절을 떠올리는 시간이었다. 여기저기서 "맞다 맞어" 소리가 들려왔다.

교회 공동체는 남녀노소가 어우러져 가족이라는 이름으로 신앙생활을 한다. 어른 세대의 교회 이야기가 어린 세대에게 들려지는 것이 점점 더 어려워지는 시대에 하늘땅교회는 나눔의 시간들을 만들어서 소위 '라떼는' 이야기를 한다. 이스라엘 백성도 아브라함의 하나님, 이삭의 하나님, 야곱의 하나님 이야기를 들으면서 자랐다. 어찌 보면 이것도 '라떼는' 이야기이다. 오늘날은 세대를 나누고 구분하기를 쉽게 한다. 한 세대가 점점 짧아지면서 추억도 얼마나 빨리 지나가는지 모른다. 그렇기에 함께 공감하고 함께 신앙 이야기를 써 가는 것은 너무 소중한 일이다.

우리 아이들에게 신앙을 가르친다는 것은 교회가 무엇인지 알려 주는 일부터다. 이것은 이론의 문제가 아니라 삶으로 살아 내야 하는 문제다. 삶으로 배우는 것이 가장 정확하다. 아이들이 귀찮아하고 비협조적일 것 같지만 신앙의 눈을 뜬 아이들은 교회를 사랑하고 세워 가려고 몸부림친다. 주중에 있는 예배에 오는 아이들을 보면 신기하다. 시험이 끝나고 학원이 쉬는 시즌이 되면 어김없이 돌아와 예배한다. 친구를 초대하고 교회를 자랑한다. 물론 그들이 자랑하는 것은 예수님이다.

아이들도 예외 없이 교회의 모든 일에 함께 한다. 예배의 순서를 담당하고 교회의 관리와 사역에 한 가지씩 동참한다. 봉사와 전도와 선교 역시 자기 삶의 한 부분이라 생각한다. 비록 아주 어린 세대는 나뉘져서 예배하지만 하늘땅교회는 청소년교회 이상은 장년들과 함께 예배한다. 용어가 어렵다. 어른들 예배다. 하지만 예배 때마다 손잡아 주는 성도들, 그 안에서 서로 나눠지는 이야기가 소중하다. 그래서 교회에 애착을 가지고 자신들이 지켜 가고 물려주려고 한다.

저녁송을 위해 가정마다 방문할 때면 우리 성도들이 이렇게 멀리서 오는지 몰랐다는 고백과 함께 우리 교회 식구들을 더 자세히 알게 된다. 이것이 가능하지 않은 시대에 아이들의 입을 통해 교회가 무엇인지를 스스로 배우는 것이다. 더욱이

우리는 날마다
교회가 무엇인지
묻는다

교회가 재롱 잔치 대신 가장 낮은 곳에 사는 가정을 먼저 방문하고 성탄의 기쁨을 전하는 이유를 알기에 매년 좋은 기억들이 하나둘 쌓이게 된다.

누군가가 내게 목회가 어렵지 않냐고 물었다. 어렵다. 그러나 그것은 숫자의 문제가 아니다. 우리 안에 있던 신앙 이야기를 계속 이렇게 저렇게 나누고 써 가는 것이 어렵다. 살아가다 보면 어떤 이에게 가장 좋은 날이 누군가에게는 가장 우울한 날일 때가 있다. 어쩌면 예수님이 오신 성탄도 그럴 것 같다. 모두가 기뻐해야 할 날이지만 누군가는 그날이 더욱 외롭고 힘들다.

교회라는 곳에는 많은 사람이 있지만, 주변에서 나 혼자 덩그러니 살아가는 것처럼 여기는 이들이 얼마나 많은지 모른다. 진정으로 인간의 몸을 입고 오신 예수님은 하늘 영광을 버리셨기에 더 많은 영광을 받아야 할 분이다. 우리의 성정(性情)을 알고 찾아오신 날, 교회가 다른 어떤 것보다 예수의 빛이 필요한 이를 찾아가 손을 잡는 것은 의미 있다.

우리만의 잔치를 배설하고 올 사람만 오라는 고자세는 일찍이 머물 곳을 찾던 마리아와 요셉을 대했던 여관 주인의 모습이다. 오늘날 교회도 겨우 말구유를 내어 주면서 하찮게 여겼던 그 모습을 하고 있는 것은 아닌지. 교회는 그 존재 이유를 잊어버리면 늘 자기끼리만의 모임이 된다.

자기들만의 리그에서 어울리는 그 맛에 취했던 자가 헤롯이다. 예수가 죄 된 자신을 찾아오신 분이라는 사실도 알지 못하고 죽이려고 혈안이 되었던 헤롯을 생각하면, 우리가 누구를 맞이해야 하고 이웃들 속에서 어떻게 살아가야 성탄의 진정한 의미가 배가 될지 고심하게 된다. 우리는 다른 길로 가는 사람들이다. 헤롯의 길로 가지 않고 다른 길을 택하여 갔던 동방 박사들처럼 다른 길을 걸어야 생명을 얻고 살릴 수 있다. 비록 볼품없고 어설픈 천사들의 합창이지만 감사하다고 손잡는 이웃들을 만나면 참 잘한 일이 저녁송이란 생각이 든다.

작은교회연구소

교회가 세워지던 12년 전, 아니 그보다 더 일찍부터 내게는 하나의 사명이 있었다. 그것은 교회를 세우는 일이었다. 교회는 혼자 세울 수 없다는 것을 알았다. 지역 교회 역시도 혼자 풀이 자라듯 태어나 자랄 수 없기에, 하나님 나라 관점에서 모든 교회가 주님의 교회이기에, 서로 손에 손을 얹어 세워 가는 일이 중요하다고 생각했다.

목회자 한 사람의 역량이 뛰어나서 부흥되는 시대는 끝났다. 여기저기 부흥했다는 교회를 찾아가 보면 그러기까지는 보이지 않는 손길이 있었던 것이다. 이것은 부인하려고 해도 할 수 없는 사실이다. 물론 궁극적으로는 하나님의 은혜로 한

190
—

우리는 날마다
교회가 무엇인지
묻는다

교회가 세워져 가는 것이지만 말이다.

혼자서 교회를 세우다가 탈진한 목회자들을 만날 때면 마음이 아프다. 우리 역시 혼자서 믿음으로 개척하고 자립해야 한다고 들어 왔기에, 누구 하나 '함께'라는 마음으로 기꺼이 응원해 주는 사람을 만나기 쉽지 않은 게 현실이다. 이미 어느 정도 자리 잡은 사람은 노하우를 가르쳐 주려고 할 뿐, 함께 아파하고 함께 기뻐하는 '교회의 하나 됨'을 지키는 것에는 부족하다. 때때로 스타 의식에 빠진 목회자들이 홀로 무언가 해낸 것처럼 사람들의 주목을 받기도 한다. 그것이 교회를 더욱 황폐화시킨다.

교회가 교회를 세우고, 목회자가 목회자를 세우는 것은 함께 지역을 살리는 일이며 함께할 동역자를 세워 가는 일이다. '함께하는' 일이 어려운 것은 우리가 개교회 중심으로 생각하는 게 너무 익숙하기 때문이다. 하지만 하나님 나라의 관점으로 생각하면 함께할 때 할 수 있는 사역이 얼마나 많이 펼쳐지는지 모른다. 무엇을 해야 할지 모른다고 말하지만 사실 할 일이 너무 많아서 고민이 된다. 지금도 어떤 모양으로든지 서로 함께 세워져 가는 지역 교회가 되길 소망한다.

하늘땅교회가 작아도 목회자들을 세우며 함께 동역하게 된 것은 여기저기서 강의하고 돌아오면 꼭 같이 사역하고 싶다는 분들이 생기고, 개척 나가기 전에 꼭 경험해 보고 싶다는 분들이 있었기 때문이다. 때마다 강의를 듣고 찾아오는 후배들이 귀하기에 그냥 모른 척 할 수 없었다. 놀라운 것은 그렇게 세워진 목회자들이 서로 연합하여 더 많은 일을 하고 더 멀리 가는 길동무가 되었다는 것이다.

하나님의 인도하심으로 하늘땅교회가 더 풍성한 사역의 열매를 맺는 것을 경험한다. 좋은 교회, 건강한 교회는 훈련받은 만큼 이루어진다. 더 정확하게 말하면 기회를 누린 만큼이다. 그래서 공동 목회를 표방하며 교회 재정과 인원에 비해 많은 동역자와 함께 사역한다. 처음에는 성도들의 의식을 바꾸고 나의 이러한 마음을 나눠야 했다.

동역자로 세워진 목회자들은 하늘땅교회에 부임하면 한 교회의 담임이 되고, 주 2회 정도씩은 설교를 한다. 또 심방이나 목회 계획을 개척자의 심정으로 하도록 한다. 이렇게 저렇게 나누고 조언은 할 수 있어도 가능하면 스스로 할 수 있도록 믿어 준다. 해 본 만큼 늘고 실수한 만큼 성장한다. 그래서 더욱 애정을 가지고 함께 목회자로 세워지려고 한다. 대학원을 졸업하고 갈 사역지가 없다는 것은 후배들이 그만큼 훈련받을 기회를 잃게 된다는 의미이기에 선배로서도 사역의 자리를 내어 줄 수 있는 것이 보람이다.

이러한 마음이 있기에 작은교회연구소도 계속 할 수 있다. 무너진 목회자들, 두려움에 빠진 개척자들, 앞이 깜깜해 더 갈 수 없어 방황하는 목회자들이 주변에 많다. 과거의 부흥을 보며 자란 세대지만 실전은 전혀 다르게 돌아가는 현실에 좌절

우리는 날마다
교회가 무엇인지
묻는다

하는 목회자들이 많다.

왜 한국 교회는 성도는 세우자고 하면서 건강한 교회를 위해 목회자를 세우는 일은 가볍게 생각할까. 그들은 함께 하나님 나라를 세워 가야 할 지체요 주의 종이다. 함부로 시키고 부리는 사람이 아니다. 더 먼저 시작해서 어느 정도 자리를 잡았는데, 나누지 않는 것은 좋은 에너지를 사장시켜 가진 힘을 더 이상 사용하지 않는 것과 같다.

하늘땅교회의 존재 이유 중 하나가 목회자를 세우고 교회를 세우는 것이다. 몇 개의 분리 개척을 하는 것 이상으로 이미 개척된 교회가 더욱 잘 세워지도록 함께 손을 얹는 일은 중요하다.

지금까지 작은교회연구소의 모임에 300명 이상이 참여하여 41개 교회가 도전받고 개척했다. 이미 개척하고 길을 찾으려고 몸부림치다가, 건강한 교회를 세우기 위해 교회론을 나누고 연구하는 모임이라는 사실을 알고 찾아온 분들도 많았다.

매월 1회 모여서 교회론을 연구한다. 성경적으로, 신학적으로, 실천적 대안으로서 교회를 찾아가는 일을 한다. 돌아가며 성경 연구와 독서 나눔을 한다. 또 식사 후에 개교회의 고민들을 나눈다. 교회의 현실이 이상에만 머물면 안 된다. 교회의 존재가 성경에만 머물면 안 된다. 성경이 말하는 교회를 이땅 가운데 구현하려고 몸부림치는 일은 계속되어야 한다.

국내 목회자들만이 아니라 해외 선교사들도 이 모임에 함께한다. 각지의 부족으로 들어가 교회를 세우지만 현실은 어렵기 때문이다. 특히 동남아에서 선교하는 분들은 이 모임이 자기들에게 필요하고 현지 신학교에서 강의되면 좋겠다고 한다. 그렇게 미얀마 목회자들을 여러 차례 만났다. 또 일본 목회자들의 방문과 세미나 교류도 있었다. 같은 지역 안에서 손잡음이 대한민국으로 퍼져 가더니 열방 사역자들과의 교류로 연결되었다. 정말 신기하다. 외롭고 힘든 목회자들을 깨우고 함께하려고 시작한 모임이 이렇게 쓰임받고 있다는 것이 놀랍다.

계속 말하지만 혼자 가면 외롭다. 혼자 가는 길은 멀다. 늘 십 리 길을 걸어서 학교를 오가던 어린 시절을 떠올리면 친구가 있었다. 함께 산등성이를 넘어 강줄기를 따라가던 친구가 있었다. 물론 지금도 변함없는 소중한 친구다. 친구와 나는 늘 다른 길을 내어 동네 아이들이 학교를 오갈 때 이용하도록 했던 것 같다. 그때부터 길을 내는 개척자의 마음이 있었다. 그때부터 함께 걸어가는 동역자 의식이 있었다.

성경은 교회를 한 몸의 지체로 설명한다. 몸이 하나고 각 지체가 있는데, 주 안에서는 그 많은 지체가 한 몸이 될 수 있다는 것이다. 교회가 골목마다 있다. 저마다 사역의 형태를 차별화하고 더 이웃에게 가까이 가려고 노력하지만 현실은 쉽지 않다. 이런 상황 속에 나만 잘되면 된다는 생각은 금물이다. 하나님 나라 안에서 우리는 한 비전을 품고 걸어가며 세워져야 할 사명이 있다. 옆에 있는 교회와 목회자가 함께 일어나야

우리는 날마다
교회가 무엇인지
묻는다

한다. 하나님 나라는 함께 걸어가면 넓어지고 홀로 가면 아련한 먼 길이다. 작은교회연구소는 혼자 빨리 가는 길보다 함께 멀리 가는 길을 택한 것이다.

선교는
안에서 밖으로

어느 날 불쑥 하얀 봉투가 내 앞에 놓였다. 무엇이냐고 물으니 수술을 앞둔 성도님을 위해 드리고 싶다고 한다. 어찌 보면 교회에서 가장 형편이 어려운 성도가 내민 봉투였다. 이것이 교회 안에 아픈 자가 있을 때 먼저 챙기는 사랑의 씨앗이 되었다. 또 어느 날은 나도 모르게, 우리 교회가 서로 지체를 돌보고 챙기는 것처럼 구제하는 일도 아낌없이 성령님께서 주시는 마음으로 감당하면 좋겠다고 했다. 이를 들은 성도들의 헌신이 대학 첫 등록금으로 어려움을 호소하는 아이를 돕는 씨앗이 되었다.

얼마 전에는 교회가 코로나 기간 동안 나오지 못한 성도의 수술비를 지원했다. 자신은 교회를 위해 한 것이 없는데, 받을 수 없다며 눈물을 흘렸다. 우리는 가족이니 그런 말씀 말라고 했다.

코로나가 기승을 부리면서 교회는 더욱 뜨겁게 선교할 수 있었다. 교회 안으로는 장학금과 긴급 헌금을 나누었고 교회 밖으로는 학교와 독거노인 돕는 일을 했다. 또 수많은 교회와 선교 단체들의 어려움을 들을 때마다 할 수 있는 만큼 최선을 다하는 것이 하늘땅교회가 지향하는 선교이다. 누군가 성도의 아픔을 위로하고자 내어놓은 씨앗이 지금은 매년 불어나서 십 원도 남기지 않고 모두 나눈다. 나눔의 기한은 그만 보내도 된다고 할 때까지다.

몸으로 섬기는 일은 더욱 많다. 작은교회연구소를 통해 교회를 개척하겠다고 하면 무엇이라도 돕고 싶은 마음이 든다. 그래서 바닥에 데코 타일을 붙이는 일을 배워서 하기 시작했다. 하루 종일 쪼그려 앉아 작업을 하면 허리도 아프고 다리도 아프다. 그래도 새로 시작하는 교회를 축복하며 기꺼이 감당하는 동역자들이 있다. 물론 나보다 먼저 이 일을 해 온 선배 목사님들도 있다. 오히려 내가 배우고 도움이 필요할 때면 요청한다. 기꺼이 내 교회처럼 돕겠다고 달려온다. 아름다운 동역으로 또 하나의 교회가 세워진다.

하늘땅교회는 교회의 존재 이유가 세상을 위해 있다고 믿기에, 잘 모이는 것만큼 잘 흩어져서 세상 가운데 살아 내는 삶을 강조한다. 그래서 명목상의 선교회가 없고 실제적으로 자신들의 은사에 따라 선교를 지향하는 사역 팀들이 꾸려진다. 매년 초가 되면 사역 팀 재조정을 통해 몇몇이 하나의 사역 팀을 신청한다. 우리 안에서 선교를 향한 동력이 준비되어야 꾸준하게 무엇인가를 나눌 수 있다.

물론 서로 돌보는 일을 제쳐 놓고 외적으로 선교를 많이 하는 것은 지양한다. 남녀노소 골고루 모인 곳이 교회다. 한 사람 한 사람 삶의 상황과 형편이 다 다르다. 하지만 우리는 고백한다. 가난한 자가 있기에 누군가는 섬길 기회가 생기고, 아픈 자가 있기에 누군가는 깨어서 자기 아픔처럼 기도할 수 있다고 말이다.

교회가 오산에 세워지고 가장 많이 한 일을 꼽으라면 밥을 대접하는 일이다. 밥 한 끼로 우리 아이들의 영혼이 맑아진다. 아이들이 친구 중에 고민이나 어려움이 있으면 교회에 알리고 어떻게든 서로 만날 기회를 만들어 밥을 나누고, 고민을 들어 주고, 함께 놀아 준다. 아이들은 이성 문제, 가정 문제, 친구 문제 등 많은 일들을 겪는다. 우리가 몰라서 그렇지 아이들의 고민도 의외로 진지할 때가 많다.

한번은 교회에 새로 온 아이가 있는데, 목회자 자녀였다. 당황했지만 아이의 사정을 들어 보니 개척 교회에서 혼자 자랐다. 사춘기 시절까지 혼자 교회를 다니면서 신앙의 흥미를 잃었다. 그래서 부모님이 허락해 주셔서 우리 공동체에 들어와 잘 회복되어 다시 돌아간 일이 있다.

우리는 선교를 생각하면 외부에 힘을 나누는 것으로 생각한다. 하지만 내부에 죽어 가는 영혼이 많다는 것을 함께 인지해야 한다. 선교를 많이 하면서도 의외로 우리 안에 힘들어하는 사람은 보지 못하는 경우가 많다. 시대의 기호가 다양해지면서 교회의 사역도 세밀해지니, 오히려 가까운 곳부터 살펴야 한다. 이를테면 노인 두 분만 사는 가정들은 집 안에 보일러가 돌아가는지, 따뜻한 물은 나오는지, 세탁 물은 잘 빠지는지, 창문은 잘 닫히는지 등을 점검해야 한다. 자녀가 있어도 자주 찾지 않으면 돌보기 어려운 부분이다. 그저 가까이 존재하는 교회의 몫이라는 마음으로 기꺼이 하면 된다. 이번에도 겨울철을 맞아 방풍망을 설치하고, 오래된 건물 벽에 단열재도 설치해 드렸다.

여기서 지금 나부터 시작하는 선교가 되지 않으면 아무리 단기 선교를 많이 가도 우리는 진정한 선교를 하는 것이 아니다. '성령을 받고 땅 끝까지 이르러 증인이 되라'고 선포한 사도행전 말씀을 바로 이해하려면 성령의 능력(두나미스)을 잘 이해해야 한다.

성령은 다이너마이트처럼 어느 날 한 인생을 완전히 바꾸어 새로운 삶으로 뒤집어지게 하는 능력이다. 그러나 날마다 일상의 자리에서 내가 감당해야 할 일을 변함없이 꾸준하게 하는 것도 성령 충만 없이는 불가능하다. 아버지가 가족을 위해 일터로 나가고, 엄마가 가족을 위해 밥을 짓고, 아이들이 학교 가는 일은 매일 반복되는 일상이지만 이 역시 성령 충만하지 않으면 못 한다. 성령을 받았다는 것은 내 삶의 자리에서 새로운 인생길을 걸어가는 동시에, 날마다 지속적으로 해야 할 일을 감당하는 것이다.

이것을 바로 이해할 때 우리는 선교가 열방으로 가는 일만이 아니라 날마다 가정에서, 직장에서, 학교에서, 여기부터, 지금부터, 나부터 삶으로 살아 내는 일이라는 것을 알게 된다. 그런 면에서 선교를 많이 하면서도 교회 안에 울고 있는 영혼을보지 못한다면 이것은 바람직하지 못하다. 선교를 강조할수록교회 안과 밖의 균형적인 사역이 이루어져야 한다.

선교는 내가 하는 것이 아니라 하나님이 하시는 사건이다.우리는 그 통로로 쓰임받을 뿐이다. 그래서 나누어 주는 것에지혜로울 수 있도록 기도해야 한다. 얼마를 돕는다고 자랑하지 말고 우리를 불러 일하게 하시는 하나님을 찬양해야 한다.명목상 선교가 아니라 진실함과 착한 행실로 행한 선교가 되려면 가까이 있는 성도의 아픔부터 볼 수 있어야 한다. 오늘도지체들의 기도 제목이 밴드에 올라와서 잠깐 손을 모은다. 하루 일상 속에서 기도할 수 있는 은혜를 얻는다. 또 전쟁 가운데 있고 재해를 입은 나라들을 위해 기도한다.

마을 주민으로
살아가기

우리 삶은 늘 복잡하지만 주님은 단순하시다. 그래서 주님을 따라 살아가는 내 삶도 단순해질 때가 있다. 주님이 사랑하라면 사랑하고 용서하라면 용서하고 관용을 베풀라고 하시면 어떻게든지, 콩 반쪽이라도 나누고 싶은 마음이다.

교회 개척 역시 이런 마음으로 시작했다. 거창한 교회를 꿈꾼 것이 아니고 단순하게 한 마을 주민으로 살려고 한 것이다. 개척한 뒤 마을에서 교통 지도를 할 기회가 있어 아이들 등교 시간에 지도했고, 학교 도서관 책을 정리해 달라고 해서 한동안 사서 보조로 봉사를 했다. 그런가 하면 학교 주방에서 도와 달라고 해서 수다쟁이를 자처하며 아이들 급식 준비하는 일을 했다. 단순히 봉사하는 일로 했지만 무엇보다 좋은 이웃집 아저씨로 존재하고 싶었다. 지금까지도 구원의 노크를 하고 계시는 주님께 순종하여 10년 넘게 좋은 이웃으로 지내는 분들이 많다.

교회를 두고 '요람에서 무덤까지'라는 말을 한다. 그냥 듣기 좋으라고 하는 말이 아니다. 신앙은 삶을 같이 살아가는 것이다. 함께 사는 이웃들이 모인 곳이 교회다. 그것도 예수 그리스도를 따라 함께 그 안에서 살아가자고 모인 사람들이 교회다. 신앙을 거창하게 여기지 않고 그저 삶을 살아 내는 것이라 생각하면, 우리의 신앙생활은 공중에 뜬 구름이 아니라 실존의 일이 될 것이다. 예수를 믿고 기도하는 것이 실존이다. 이웃의 아픔을 내 것처럼 여기는 것이 실존이다.

그동안 우리는 너무 이분법적으로 생각해 왔다. 모든 것이

우리는 날마다
교회가 무엇인지
묻는다

나누어졌다. 정확히 말하면 분리되었다. 그중에 가장 큰 것은 교회와 세상, 거룩과 세속의 구분이다. 많은 성도가 거룩한 곳은 오직 교회뿐이라고 생각했고, 거룩한 일은 매일 예배하고 성경을 읽고 기도하는 일이라고 생각했다. 하지만 거룩한 일은 이웃 속에 들어가 함께 그리스도의 편지와 향기로 살아 내는 것까지 포함한다. 단순히 믿기만 하면 되는 것이 아니라 믿는 것을 삶의 실존 가운데 살아 내는 것까지가 믿음의 영역이다.

날마다 만나는 사람과의 관계, 그를 대하는 태도는 우리 신앙에 있어서 중요하다. 오히려 우리 신앙 성숙의 척도를 가늠해 볼 수 있는 것이 세상 속에서 살아가는 삶의 모습이다. 삶과 연결되지 않으면 신앙은 너무 고상해진다. 이웃 안으로 펼쳐지지 않으면 신앙은 외딴섬이 되어 버린다. 지금까지도 세상이 보는 눈은 그렇다. 이제 그것으로 족하다. 믿는 한 사람으로서 더는 교회가 외로운 섬에 홀로 갇혀서 거룩함이라는 이름으로 딴 세상을 살아가지 않기를 바라는 마음이다.

교회가 모든 선한 일을 다 감당하려는 것은 욕심이겠지만 분명 교회만이 할 수 있는 부분이 있다. 그것은 사람을 만나는 일이며 외로운 그늘에 앉아 있는 사람들을 찾아가 만나는 일이다. 만일 교회가 마을을 모르고 사람을 모른다면 돈으로 도울 수는 있어도 그들의 영혼까지 만질 수는 없다. 정작 필요한 것은 돈 이상의 관계일 수 있는데, 교회가 물질적 도움만 주고 할 일 다 한 것처럼 여기면 안 된다.

하늘땅교회가 동네 독거노인들에게 쌀을 전달하고, 김장 배추를 전달하니 오히려 지역 복지관으로부터 연락이 왔다. 도움이 필요한 곳이 더 있다고 교회로 알려 온 것이다. 나라가 할 일은 나라가 하고 교회가 이웃과 살아갈 일은 살아가면 된다. 재정이 없어도 하려고 노력해야 지속적으로 할 수 있다.

장례를 앞두고 막막한 사람이 있을 수 있다. 등록금 걱정에 눈물짓는 가정이 있을 수 있다. 장애와 질병으로 힘겨운 이웃이 있을 수 있다. 교회가 눈을 더 크게 뜨고 보아야 볼 수 있다. 여전히 복지의 사각지대에 놓인 사람들이 있다. 좋은 시대라고 말하지만 정말 좋은 시대일까 생각해야 한다. 결국은 사람을 만나고 사람을 사랑할 때 세상은 살아난다. 이 일은 누가 대신해 줄 수 없다. 교회가 이웃 속에 들어가야 하는 이유다.

오산에는 하늘땅 산이 있다. 물론 우리 산이 아니다. 교회 뒷산이어서 그렇게 부른다. 사람들이 가볍게 20분 정도 걸으면 한 바퀴를 도는 작은 산이다. 오르기 만만하니 사람도 많이 다니고 덩달아 쓰레기도 많다. 그래서 시작한 것이 청소하는 날(클린데이)이다. 몇 년 하다 보니 동장님이 이 일을 알고 쓰레기 자루를 가지고 왔다. 동네를 위해 봉사하는 것이니 앞으로 자루가 필요하면 동사무소에서 가져다주겠다고 했다. 이렇게 교회와 이웃이 자연스럽게 만난다. 감사한 일이다.

교회로서는 그냥 동네 산이니 식사 후 한 바퀴 돌며 쓰레기를 줍고 그곳에 와서 노는 아이들에게 전도한 것뿐이다. 그 시간에 그곳에서 놀고 있다면 부모님이 늦게 돌아오는 가정의 아이들이다. 그러니 교회에서 라면이라도 함께 끓여 먹는 것이다. 지금도 이 일을 꾸준하게 하려고 자주 찾는다.

재정이 늘어나면 다 사용하려고 도울 곳을 찾는다. 성도들도 동참하여 나누고 전하겠다는 마음이 있다. 그렇다면 옆집에 김치도 나누고 아파트 관리소장님 떡이라도 대접하라고 한다. 그러다 보니 그분들이 이사 온 분들에게 우리 교회를 소개하기도 한다.

교회는 마을 속에 존재한다. 성도는 마을의 주민이다. 교회는 주님을 따라 살기도 바쁘다. 한 영혼이 변하여 회심하기도 어렵다. 그런데 수많은 사람을 모으려 하고 더 커지려 한다. 어떨 때는 교회가 사업장처럼 바뀌는 것은 아닌가 가슴이 아프다. 정작 해야 할 일은 이웃 속에 있는데, 계속해서 하나님을 큰 건물 안에 가두려 하고 들어오는 문은 늘 닫혀서 아무도 올 수 없게 되는 것 같아 씁쓸하다.

한낮에 화장실이 급한 사람은 어디든 뛰어간다. 그때 교회 문이 열려 있어 물을 마시기도 하고 화장실도 이용할 수 있다면 얼마나 좋을까. 가끔 학생들이 교회 화장실에 들어온다. 그러면 일부러 나가서 날이 더우니 물도 마시라고 한다. 집처럼 편안할 순 없어도 언제든 화장실에 오면 사용할 수 있는 수건과 휴지가 준비되어 있다. 성도들에게 누구라도 사용할 수 있는 교회가 되기 위해 준비하자고 한다. 그래서 교회 사역 중에 화장실 휴지 챙겨 놓기를 하는 지체도 있다. 이런 마음으로 교회 안에 작고 큰 선교 팀들이 자발적으로 만들어지고 있다.

문화로 다가가는
작은 음악회

하늘땅교회는 문화 사역에 관심이 많다. 복음을 전하는 좋은 매개체가 문화다. 문화를 선하게 잘 사용하는 것은 우리의 지혜가 필요하다. 낯선 지역에서 처음 개척하는 일은 지역을 알고 사람들의 삶을 이해하는 일이 필요했다. 그리고 지역을 섬길 수 있는 좋은 것이 무엇일까 고민하다가 작은 음악회를 시작하게 되었다. 누구나 올 수 있는 시간이다. 교회 문턱을 낮추면 누구나 올 수 있다.

전도에 목적을 두기보다 말 그대로 순수하게 좋은 문화를 만드는 일에 관심 갖고 시작했다. 7080 흘러간 가요를 부르며 함께 합창을 하고, 간증과 고백이 담긴 노래를 부르기도 한다. 즉석에서 서로 가사를 만들어 함께 한 곡의 노래로 완성하고 또 그 노래를 부르는 일은 즐겁다. 동네 안에 존재하는 교회는 거룩을 앞세워 장벽을 높여 놓지 않는다. 오히려 들어오는 문은 낮고 들어와서 직분자가 되는 기준은 분명하다.

철저한 겸손과 헌신을 요구하는 이웃 사랑은 성도 수의 확장이나 교회 성장이 목표가 아니다. 이웃 속에 찾아오신 하나님의 성육신을 인정하고 받아들이는 것이다. 매해 작은 음악회를 하면서 하나님에 대한 절대적인 믿음이 더욱 선명해진다. 의도하지 않았지만 한 가정씩은 계속적으로 만나게 되었다.

작은 음악회는 교회 창립일을 기점으로 열린다. 날짜가 가까워 오면 벌써 사람들이 알고 문의를 한다. 1년 한 차례의 열린 모임이지만 이웃들이 기다린다는 것은 기쁜 일이다. 그만큼 출연진도 신경 쓰고, 우리 삶과 무관하지 않은 노래와 이야기로 감동이 되도록 구성한다.

특별히 그날은 그동안 우리가 초대하고 싶어 한 해 동안 관계를 맺어 온 이웃이 함께할 수 있는 가장 좋은 기회이다. 일단 부담 없이 즐길 수 있어 좋다. 믿지 않던 남편들도 아내의 소원을 들어주려고 왔다가 한 번이 아니라 계속 예배에 나오는 신자가 되는 경우도 있다. 타 종교를 믿다가 교회에 대한 인식이 새롭게 변하여 개종하는 경우도 종종 있다.

키에르케고르(Soren Kierkegaard)는 "신에게서 멀어진 인간은 고독과 불안을 느끼게 된다. 또 인간은 각가지 행동의 가능성을 내재하고 있기 때문에 자신의 무력함에 불안을 느낀다"라고 말했다. 하나님의 손으로 지은 인간은 하나님으로부터 멀어지면 그 안에 불안이 생긴다. 우리는 세상이 깨어졌다는 사실을 알기에 사람의 겉모습만 단순하게 보면 안 된다. 깨진 세상에서 살아가는 인간의 고독과 불안을 볼 수 있어야 한다.

교회가 해야 할 일이 너무 많다. 인간의 속사람을 만져 주는 일이 필요하다. 그래서 우리는 이웃들을 만나야 한다. 그들 안에 삭개오처럼 불만족이, 니고데모처럼 불안함이, 38년 된 병자처럼 절망감이 있다. 이것을 간파하면 인간 안에 있는 많은 병리적 현상을 살필 수 있다. 하나님과 멀어진 채 죄의 그늘에서 살아가는 인간 실존의 문제를 만져 주고, 그 내면을 들여다보는 일은 교회의 몫이다.

작은 음악회는 그저 듣고 부르고 즐기는 시간만은 아니다. 한 마디 한 마디가 자기 인생을 다시 돌아보고 어떻게 사는 것이 의미 있는 것인지를 생각하게 한다. 가까이에 사는 이웃들 안에 있는 절망과 불안을 해결하기 위해 우리 교회가 친구 되고 싶다는 신호를 주는 것이다. 인생의 막다른 골목에 놓인 사람들에게는 호의적인 누군가가 있다는 것이 얼마나 큰 위로인지 모른다.

살아 보면 알 듯 누구나 친구가 필요하다. 작은 음악회를 통해 친구 같은 교회로 존재하고 싶다는 말을 꼭 한다. 물론 시작할 때 오프닝 멘트로 하는 인사말 정도지만 이웃들에게 좋은 이미지로 남는 이유는 그 안에 자기 삶에 대해 돌아볼 수 있는 메시지가 있기 때문이다. 또한 섭외된 분들은 유명하지 않아도 이야기가 있는 콘서트를 통해 삶의 대해 관조적으로 말해 줄 수 있는 음악가들이기에 함께 울고 웃는 시간이 된다.

우리가 타인을 어떻게 이해하고 관계를 맺어야 하는지는

교회의 오랜 고민이다. 나란 존재는 너가 있음으로 가능한 것이기에, 너가 있다는 사실에 대한 감사가 없다면 교회의 모든 사역이 쉽지 않을 것이다. 그래서 사도 바울은 자주 이렇게 고백했다. "내가 너희를 생각할 때마다 나의 하나님께 감사하며"(빌 1:3) 그가 감사한 이유는 내가 아니라 너였다. 빌립보교회 성도로 인해 감사했다.

하늘땅교회는 이웃 속에 존재한다. 교회는 이웃 속의 한 부분이다. 우리도 그들 속에 한 노래로 살아간다. 주님은 우리를 그리스도의 편지와 향기로 세상에 보내셨다. 우리를 세상 한 구석에 소망의 울림통이 되도록 보내셨다. 우리를 그리스도의 노래로 보내셨다. 하늘과 땅 사이에서 소망의 울림통을 감당하는 교회는 나부터, 우리부터 시작해야 한다. 힘든 세상에서 교회가 노래를 부르기 시작하면 이것이 언젠가는 모두가 부르는 합창이 될 것이라는 믿음으로 문화 운동을 하고 있다.

"목사님, 정말 감사합니다. 저도 세상 어딘가에 노래가 되겠습니다."

작은 음악회를 마치고 눈물 훔치던 이웃이 돌아가면서 한 말이다. 얼마 전 어머니를 떠나보내고 갱년기 우울증을 앓던 이웃이다. 그 뒤에 다시 교회를 방문하게 되어 그의 사정을 알게 되었다. 이런 일이 있을 때마다 작은 음악회를 계속해야 하는 이유를 발견한다.

쌀
사 드리기

하늘땅교회가 지금까지 계속해 오고 있는 일 중에 하나는 파지 줍는 할아버지, 할머니들께 쌀을 사 드리는 것이다. 동네 노인분들을 도와드려야겠다는 마음이 생겨 성도들과 공동 회의 때 이야기했더니 헌 옷을 수거하자는 의견이 나왔다. 그날 부터 헌 옷을 버리지 않고 모았다.

교회 창고에 헌 옷이 어느 정도 모이면 고물상에 팔러 간다. 한때는 동남아로 수출이 잘되어 괜찮았다는데, 코로나 시기를 지나면서 값이 터무니없이 낮아졌다. 그래도 쌀을 사 드리는 일은 계속 진행되고 있다. 차라리 돈을 드리는 게 좋지 않냐고 말하는 사람도 있다. 효율적인 것만 따지면 그렇겠지만 굳이 불편을 감수하는 데에는 더 깊은 뜻이 있다.

해마다 환경보호주일이 되면 전깃불 없는 예배를 드린다. 종이컵 사용 줄이기, 전기 아껴 쓰기 등의 환경 운동을 하는 교회로서 버려지는 헌 옷을 재활용한다는 것은 얼마나 큰 의미인지 모른다. 어떤 면에서는 우리도 주님을 만나 재활용된 인생이다. 다시 태어나서 다시 쓰임받는 인생이다. 헌 옷을 수거해 오는 일은 번거롭지만 온 교회의 선교 사역이 되었다. 선교는 돈으로 하는 것이 아니라 마음으로 하는 것이다.

우리는 날마다
교회가 무엇인지
묻는다

선교는 누군가의 헌신으로 시작된다. 그렇게 교회의 온 성도가 하나 되어 한 마음으로 참여하기에 어렵지만 헌 옷을 모아 쌀 사 드리는 일을 계속 한다. 여기에 행정복지센터와 연결하여 가능한 분들은 사회복지 혜택도 받을 수 있게 한다.

때로는 지역의 복지센터를 통해 교회가 몸으로 섬겨야 할 분들을 소개받기도 한다. 그것이 무엇이든 도울 수 있는 일이 있으면 찾아가려고 한다. 그랬더니 진심이 통했나 보다. 지역 내에서 하늘땅교회가 사랑이 많은 교회로 소문이 났다.

가장 어렵기에 교회를 찾아오는 사람들도 있다. 지금도 밤마다 기도하는 분들 중에는 기도가 필요한 환우들이 많다. 교회를 다닌 적도 없지만 누군가 소식을 듣고 교회에 기도해 달라고 알려 준다. 성도들은 이웃 중에 도움이 필요한 사람이 있으면 교회에 알려서 도움의 통로가 되기도 한다. 각 골목에서 일어나는 일은 성도들보다 잘 아는 사람이 없다. 이것은 사회복지 시스템도 찾아내지 못한다. 성도들이 예수 그리스도를 따라 살고자 하니 보이는 것이다. 그들의 딱한 사정을 들으면 간혹 쌀을 사 드리는 게 더 좋은 가정도 있다.

교회는 어렵지만 서로 몸으로 섬기는 훈련 중에 있다. 헌옷 모으는 일은 구차해 보이지만 그래도 한다. 선교비를 더 많이 거두어 하면 되지만 그렇게 하지 않는다. 돈보다 마음을 먼저 보태는 법을 배우고 싶기 때문이다. 이 일을 아이들도 보고 배운다. 영혼을 세워 가는 일은 배우지 않으면 안 된다. 사랑의 반대는 무관심이다. 사랑하면 먼저 손과 발이 움직인다. 사랑하기 때문에 어렵게 모은 옷가지를 팔아 나눈다.

교회는 참 신비롭다. 편하게 갈 수 있는데 어렵게 가고, 쉽게 살 수 있는데 어렵게 산다. 교회는 쉬운 방법이 있어도, 서로 하나 됨을 위해서 어려운 길을 가야 할 때가 있다. 교회는 한 사람이 할 수 있어도, 서로 함께 감당하기 위해 기다려야 할 때가 있다. 혼자 가면 편한데, 때로는 다른 삶에 개입해서 함께 하고 함께 간다. 이런 교회를 배워 가는 것은 하나님의 마음을 아는 일이기에 귀하다.

크리스틴 폴(Christine Pohl)은 "약한 자들과의 우정이야말로 선교의 핵심이다"라고 했다. 우정을 선교의 핵심으로 여길 때, 모든 인간의 창조 목적은 하나님과 화해를 이루는 것이며 그 관계는 상호적이라고 본 것이다. 우리가 선교를 논할 때, 이것은 단순히 사람들을 돕거나 복음을 전하는 노력에 관한 문제가 아니며 우리가 어떻게 하나님 나라 안에서 이웃과 함께 살아갈 수 있는지의 문제이다.

교회 앞을 지나가는 학생들, 시장 가는 주부들, 바쁘게 오가는 택배 기사들, 파지 줍는 할머니 할아버지들. 늘 내 눈에 들어오는 분들이다. 교회가 이런 이웃들을 살피고 냉수 한 그릇이라도 대접하는 이유는 하나님 나라 안에서는 화평과 협력과 우정이 차별과 배제 없이 날마다 이루어지기 때문이다. 하나님의 주권과 통치가 임하는 하나님 나라의 일이기에 우리는 선행을 베풀고, 누군가의 사정을 위해 기도한다. 하나님의 눈으로 보지 않으면 결코 볼 수 없는 세계다.

하늘땅교회는 작아도 하나님의 눈으로 세상 한구석을 감당하고 살아 내는 일을 하려 한다. 사실 우리 교회는 후미진 변두리에 있다. 그리 많은 사람이 지나다니는 곳은 아니다. 그렇기에 가로등 하나가 소중하고 이웃이 돌아오는 길목에 간판 불 하나 켜져 있는 것도 중요하다. 교회 건물 주인은 우리의 이러한 일들을 알고 교회를 다니지도 않는데 매년 헌금을 한다. 어느 날 왜 그러는지 물었더니 교회가 하는 일에 대해 아파트와 옆 건물 소장님에게 들었다고 한다. 건물 주인인 자신도 모르는데 옆 건물 주인은 알더라면서 좋은 일에 써 달라고 성탄절과 부활절에 헌금과 쌀을 나눈다. 다 하나님이 일하시는 것이다.

한 교회를 꿈꾸는 연합 기도회

누군가와 함께하는 일은 물질의 문제가 아니다. 때로는 마음이 힘들어서 손잡아 줄 사람을 찾는다. 때로는 같은 길을 걸어가고 있다는 것만으로 위로가 되고, 먼저 그 아픔을 경험했다는 것만으로 위로가 된다. 나만 겪는 아픔이 아니라 누구나

내가 너희를 생각할 때마다
나의 하나님께 감사하며 간구할 때마다
너희 무리를 위하여 기쁨으로 항상 간구함은
너희가 첫날부터 이제까지
복음을 위한 일에 참여하고 있기 때문이라

빌 1:3~5

겪는 일이라는 것만 알아도 문제 해결 능력이 생기고 다시 일어설 힘을 얻는다. 그래서 교제가 중요하다. 특히 목회자들은 혼자 있으면 고립된다. 슬퍼도 기뻐도 함께 나누면서 걸어가야 한다.

많은 목회자들이 나 혼자라는 생각에 어려움을 토로한다. 어딘가 말할 곳이 없어 힘들어한다. 그래도 함께 나눌 수 있는 모임을 만나게 되면 다시 목회에 활기를 찾는다. 개척하면 누구나 그 과정을 겪는다. 하늘땅교회는 작은교회연구소를 통해서 목회자를 세우고 교회를 세우는 일을 아낌없이 지원하고 교회의 중요한 사명으로 여긴다. 물질도 내어놓고 봉사를 위해 주말 시간을 내기도 한다.

어느 날 이것만으로 부족하다는 사실을 알게 되었다. 잠깐의 도움은 될 수 있다. 그러나 교회 자체가 힘이 생겨 스스로 일어서도록 돕는 일로는 부족하다. 그래서 시작한 것이 작은 교회들이 분기마다 모여 연합 기도회를 하는 것이다. 영적으로 살아나야 교회가 든든히 선다는 사실을 알게 된 것이다. 이것이 교회도 살리고 목회자도 살리고 성도도 살리는 것이다.

이 일을 진행하며 들었던 가장 보람된 고백은 "모든 교회는 주님의 교회이며 하나입니다"라는 것이었다. 연합 기도회를 마친 후 어느 성도님이 이렇게 고백했다고 한다. 더 중요한 것은 작은 교회가 우리 외에도 있다는 사실과 함께 연합하면 이루지 못할 일이 없다는 사실을 알게 된다. 진정한 동무를 얻고 함께 신앙의 우정을 나눌 교회가 가까이에 있다는 사실이 얼마나 힘이 되는지 모른다.

개척해서 가장 기쁜 것은 성도들이 적어도 그 안에서 기쁨을 누리며 회복하는 것이다. 특히 영적 안목이 열려서 작음을 부끄러워하지 않고 적음도 자랑할 수 있는 당당함이 생기는 것이다. 성도들의 분위기가 어두울 때 많은 목회자가 힘들어한다. 스스로 자책감도 생기고 무력함도 맛보기 때문이다. 그런데 성도들이 '작아도 하나님의 일을 하면 교회의 존재 이유가 있다'고 외칠 때 교회는 그만큼 자라고 성장하게 된다.

교회들이 연합하면 우물 안에 갇혀서 힘들어하던 많은 부분들이 해결된다. 모두가 한 교회이고 모두가 함께하는 친구라는 사실을 발견하면 더없이 기쁘다. 또한 우리 교회도 자라서 부흥을 경험하고자 하는 도전들이 생긴다.

그 시작은 역시 영적인 능력으로부터 임하는 것이다. 함께 손에 손을 잡고 일어서는 과정은 그야말로 천국 잔치다. 함께 제직 세미나를 하고, 작은 음악회도 서로의 이름으로 참여하고, 지역에서 함께 전도를 하는 등 대립과 경쟁 사회에서 초교파적으로 연합하여 하나님 나라를 이루는 목회자들의 선한 마음이 성도들을 움직이고 서로 성장하고 부흥하도록 돕는다.

연합 기도회 날은 한 교회에 모여 100여 명이 기도한다. 실로 아름답다. 어떤 면에선 오랜만에 가득 차서 천국 잔치를 여는 기도회다. 형편껏 간식을 준비해서 나누고, 뜨겁게 찬양하

우리는 날마다
교회가 무엇인지
묻는다

고, 한 말씀을 듣고, 각 교회를 위해 서로 손잡고 기도한다. 내 교회, 네 교회가 따로 없다. 모두가 하나님 나라의 벽돌 한 장이다.

연합을 이루어 내는 기도회를 보면서 더욱 확신을 가지고 각 교회에 사람들이 등록하는 일도 생긴다. 그동안 교회의 모습이 너무 개교회 중심적이었는데, 함께 어울리는 연합이 귀하다는 마음 때문이다. 다른 사람은 보지 않고 자기만 부흥하면 된다는 식이기에 전도나 목회 방법이 성경적이지 않고 성도들까지 무한 경쟁을 시키는 구조가 싫었던 것이다. 그런데 작아도 서로 연합하여 하나가 되려는 모습에 신앙을 가지려고 한다며 온 지 얼마 되지 않은 사람이 등록하는 일이 생긴다.

교회에도 생태계라는 것이 있다. 생태계의 교란이나 파괴는 서로 죽는 것이다. 교회 생태계도 서로 살 수 있는 방법을 찾아야 한다. 힘들고 어려울 때 서로 사는 법을 택하는 것은 참 많은 지혜가 필요하다. 하나님 나라를 이루는 한 교회 한 교회가 건강하게 세워지도록 돕는 일은 우리 모두가 해야 할 일이다. 우리 교회만 부흥하면 된다는 사고는 빨리 버려야 한다. 옆에 있는 교회도 돌볼 수 있어야 진정한 친구가 아닐까 싶다.

교회의 대형화가 하나의 결과라고 하지만 사실 우리 속에 스스로 대형화를 바라는 욕심이 없는지 돌아보아야 한다. 서로 함께 교회를 세워 가려는 마음이 모아져야 한다. 이제 개척한지 얼마 되지 않은 목회자 한 분은 연합으로 힘을 얻어 계속 이 길을 가게 되었다고 고백한다. 함께 갈 친구가 있다는 것은 세상을 다 얻는 것이다.

"또 누구든지 너로 억지로 오 리를 가게 하거든 그 사람과 십 리를 동행하고"(마 5:41) 이것이 주님의 뜻이다. 주님의 십자가를 생각하면 기꺼이 가 줄 수 있어야 한다. 물론 쉽지 않다. 함께하는 일은 자기를 내려놓지 않으면 안 된다. 그 마음 안에 연합을 방해하는 의심조차도 버려야 한다. 갈라지는 이유는 의심이다. 분열되는 이유는 경쟁이다. 의심과 경쟁을 버리면 서로 살아난다. 연합을 방해하는 의심과 경쟁이 없어지면 모두가 살아나서 작은 나무가 숲을 이루고, 작은 씨앗이 무수히 많은 열매가 된다.

우리는 서로 살아나야 한다. 서로 세워 가야 한다. 교회 생태계가 깨져서 지역 안에 교회들이 없어지면 결과적으로는 아무도 유익이 없다. 오늘도 가장 쓰임받기를 원하는 것은 교회를 세우는 일이다. 목회자를 세우는 일이다. 이 일을 사명이라 생각하며 시작한 개척이었다. 이 일을 성도들과 나눠서 함께 집중해서 사역하기까지는 제법 오랜 시간이 걸렸다. 지금 우리는 모두가 주님의 교회이며 함께 자라 간다는 믿음으로 밤마다 100여 개 교회를 위해 기도하고 선교하고 찾아가고 격려한다.

진정한
전도

교회는 전도를 어떻게 해야 하는 것일까? 하늘땅교회는 기존 방식으로 거리에 나가 불특정 다수에게 전도지를 주거나 먹을 것을 나누는 방식은 하지 않았다. 시간이 걸려도 이웃과 공감을 나누는 전도를 하기 위해 함께 살아 내는 방식을 선택했다. 놀이터에서 아이들과 놀아 주는 동네 아저씨로 소문이 난 것도 그런 이유다. 물론 이것이 정답은 아니다. 각 지역과 목회자의 철학에 따라 하면 된다. 하늘땅교회는 이웃과 관계 맺는 데 시간이 걸려도 아랑곳하지 않는다. 성도들 역시 가족과 이웃 곁에서 그리스도인으로서 살아 내기를 강조한다.

부활하신 주님은 남겨진 교회와 성도들에게 재림을 기다리면서 모든 족속으로 제자를 삼으라고 명령하셨다. 이것은 해외에 나가 선교하는 것만이 아니라 가장 가까운 곳에서 행하는 전도도 포함된다. 초대교회는 날마다 성전에 모였으며 모이기를 그치지 않았다. 모이면 그들은 떡을 떼고 사도의 가르침을 나누었다. 한마디로 훈련을 받았다. 성전과 집에서 복음을 전하는 훈련을 했을 것이다. 사도들이 반복, 집중, 시연의 방법으로 훈련시키고 순종하여 가서 복음을 전하는 방식을 택하였다.

흔히 전도가 기관차의 엔진이라면, 공동체는 기관차의 몸통이라고 말한다. 따라서 전도 이전에 신앙 공동체가 건강할 때 새로운 영혼을 낳고 세울 수 있다. 공동체가 먼저 준비되어야 새로운 영혼이 자랄 수 있다. 그래서 전도는 그냥 전하여 교회에 데려다 놓는 것이 아니라 가르쳐 지키게 하라는 마태복음 28장의 명령을 수행하는 것이다.

데이나 로버트(Dana Robert) 교수는 "선교가 총체적 사역으로서 몸이라면 전도는 생명을 공급한다는 측면에서 심장과 같다"라고 말했다. 선교가 세상을 향한 하나님 나라의 증거라면 전도는 인간의 회심을 추구하는 사역이다. 그래서 전도를 통해 지역 교회는 한 사람의 회심자가 세워지도록 노력해야 한다.

그럼에도 교회 안에 전도에 대한 오해들이 있다. 대표적인 것이 '예수 천당, 불신 지옥'처럼 너무 축소된 복음을 전하는 것이다. 또한 때를 얻든지 못 얻든지 복음을 전하라는 말씀을 듣고 상대방의 사정과 상관없이 무조건 전하는 것이다. 무엇보다 강권하라는 말을 따라 복음의 수용성을 고려하지 않고 복음을 강요하게 되었다. 이런 식의 전도는 오히려 복음을 전하는 데 방해가 된다.

1세기 사도 바울의 전도법은 21세기를 사는 오늘 우리에게도 유효하다. 비슷한 시대적, 문화적 맥락 속에 있기 때문이다. 바울은 가족 중심으로 전도했다. 관계 전도의 기본이 가족이다. 또한 도시 중심으로 전도했다. 데살로니가, 고린도 등이 등장하는 이유다. 그리고 회당 중심으로 전도했다. 이미 하나님에 대해서 알고 있던 자들에게 예수 그리스도가 누구인지를 설명하는 방식이었다. 이것은 복음을 전할 때 수용성, 효율성 그리고 접촉점을 고려해서 전도했다는 의미이다.

모더니즘의 사회는 탁월성이 강조되었지만 포스트모더니즘을 사는 오늘날은 진실과 진심이 아니면 진리를 듣지 않는다. 다양한 전도 방법을 찾지만 가장 좋은 전도는 복음대로 진실과 진심을 담아 낸 삶이다. 유대교의 작은 흐름이었던 기독교가 어떻게 로마 제국에 퍼져 급성장과 부흥을 경험하게 되었을까? 이것은 방법의 문제가 아니라 시대를 살아가는 그리스도인들의 매력적인 삶 때문이었다.

우리는 세상의 빛으로 오늘을 살아가야 한다. 빛이신 주님이 내 안에 분명하게 계시면 그 빛은 사그라지지 않는다. 어두우면 어두울수록 빛은 더욱 드러난다. 감추인 것이 다 드러난다. 한 마을에 존재하는 교회가 빛으로 오신 예수 그리스도를 드러내는 것이 전도다. 전도는 행위의 문제가 아니라 삶의 문제이며, 존재의 문제다.

우리는 전도하기 위해 방법이나 도구를 찾지만 그보다 먼저 선행되어야 할 것은 교회가 마을 속에서 이웃을 위해 존재하는 것이다. 교회가 이웃을 가슴으로 품고 함께해 줄 우정을 가진 성도들로 가득하다면 그 진정성은 마을에 소문이 나게 되어 있다. 이런저런 오해가 생겨도 이웃들이 인정하면 좋은 소문으로 바뀐다. 감추려고 해도 모든 이에게 드러나는 소문이 있다. 이것은 우리가 프로그램을 만들어 홍보하지 않아도 하나님의 선하심이 세상 만방에 드러나는 것과 같다. 이것이 기쁜 소식으로 전해지는 복음이다.

하늘땅교회는 성도들이 삶 속에서 전도할 수 있도록 좋은 관계 맺기를 권면한다. 무엇보다 함께 있어 주는 삶을 사는 것이 먼저이다(presence). 곁에 함께 있는 것이 얼마나 중요한지 모른다. 가슴 아픈 이웃과 함께하기, 낙심한 가정과 함께하기, 혼자되신 어르신과 함께하기가 얼마나 중요한지 모른다. 이것은 전도를 의식하지 않아도 사람과 사람이 살아가는 사회 구성원으로서 해야 한다. 이런 정서가 부족한 사회가 되었다는 것이 얼마나 마음 아픈지 모른다. 영혼이 먼저 눈에 들어와야 한다. 누가 어떻게 살아가는지 관심을 가져야 한다.

함께 있어 주는 일을 통해 한 영혼의 사정을 알았다면 이제는 그를 위해 기도해야 한다(prayer). 그가 교회에 나오는 것이 먼저가 아니라 내가 그와 함께하며 그를 위하여 기도하는 것이 우선이다. 사랑하지 않으면 기도할 수 없다. 지속적인 관심을 가지고 그를 위하여 기도하는 일은 사랑이다. 이웃의 사정을 듣고 기도하면서 안부를 수시로 묻기만 해도 위로가 되고 힘이 된다. 기도하는 일로 끝이 아니라 그의 필요를 함께 고민해 주고 아픔을 덜어 주는 것이 기도의 완성이다.

그리고 나서야 그에게 복음을 전하는 것이다(proclaim). 흔히 복음부터 전해야 한다고 생각하지만 그것은 우리의 입장이다. 예수님도 상대방과 접촉점을 찾으려고 늘 노력하셨다. 맥락 없이 갑자기 자기 이야기를 한 것이 아니다. 우리도 상대방의 상황을 알아야 복음을 효과적으로 전할 수 있다. 그러려면 관계 속에서 그를 알고, 함께하는 시간만큼 신뢰와 진심을 쌓고, 그를 위해 기도할 때 복음도 전할 수 있다. 한 사람의 영혼이 주님 앞에 돌아오는 위대함은 말 몇 마디로 되지 않는다. 한 영혼을 얻는 일은 천하를 얻는 일이다. 그만큼 시간도, 헌신도 필요하다.

청년들의 꿈을 위해

청년 시절 예수님을 만나면서 내 삶은 새롭게 변했다. 숯값 파동으로 이른 나이에 고향과 부모님을 떠나 서울로 유학을 와야 했다. 사춘기를 외롭게 보낸 탓에 내 가슴에는 교회 안에 있는 청소년, 청년들이 크게 다가온다. 사회생활을 하다가 신학교에 갔는데, 그 이유도 아이들을 위해서였다. 나와 비슷한 환경에서 방황하는 아이들이 눈에 들어왔기 때문이다.

함께했던 사역자들과 임지를 옮기면서, 홀리 씨드(Holy Seed)라는 선교 단체를 만들어 곳곳에 집회를 다녔다. 자기 교회로 돌아가지 못하는 아이들이 많다. 사춘기 시절 떠나온 교회로 다시 돌아갈 끈이 없어서 못 돌아가는 아이들이 의외로 많다. 그들에게 복음을 전하기 위해 전도사 때부터 방방곡곡을 다녔다. 당시에는 인터넷 매체도 없었다. 그저 부르는 곳이 있으면 가서 교회 떠난 아이들을 회복시켜 다시 교회로 돌려보내는 사역을 했다. 그때 내 마음을 유독 아프게 했던 지역이 지금의 교회 개척지다.

서울에서 사역할 때는 교회 앞을 지나가는 수많은 아이들에게 복음을 전하고 싶어 점심시간마다 매일 학교에 가서 아이들에게 말을 걸었다. 그러던 중 그곳에 고등학교 3년 동안 기도하겠다고 다짐한 아이들이 있다는 사실을 알게 되었다. '오직 기도회'라는 모임이었다. 점심시간에 줄 서서 기다리는 대신 나와 함께 15분 정도 말씀을 나누고 5분 기도하고 가서 밥을 먹는 아이들이 생겼다.

복음을 듣고 인생의 변화를 경험한 아이들은 친구들의 영혼을 세우려고 함께 수고했다. 이 사실을 알게 된 크리스천 선생님들이 회개하고 교사 신우회를 만들어 달라고 찾아왔다. 아이들의 순수한 믿음을 보면서 부끄럽다고 했다. 그 후 주변 학교들 안에 기도 모임이 생기고 '학원선교연합회'가 조직되어 오랜 시간 이사로 섬겼다.

돌아보면 늘 젊은이들이 있는 곳을 찾아 다녔다. 어쩌면 오산시도 가장 젊은 도시이기에 젊은이 사역을 하겠다는 마음으

우리는 날마다
교회가 무엇인지
묻는다

로 내려온 것 같다. 생각처럼 쉽지는 않았지만 나름대로 청년, 청소년들을 끌어안고 10여 년의 시간을 보냈다.

하늘땅교회는 작지만 모든 세대가 두루 모여 있다. 그중에서도 청년, 청소년 아이들이 중심이어서 기쁘다. 매달 첫날은 등교하는 아이들을 만나러 나갔다. 교회가 아이들을 격려하고 응원하는 시간으로 꾸준하게 만남을 이어 가려고 노력했다. 그러면 아이들은 친구들에게 하늘땅교회를 소개한다. 자신들이 기쁘게 여기고 친구들에게 교회 오라고 안내한다.

매달 마지막 주 금요예배는 젊은이들을 위한 찬양 집회 '리바이벌 미니스트리(Revival Ministry)'로 드리고 있다. 올해는 한 걸음 더 나아가 '문화 예배' 형식으로 변화를 시도하고 있다. 이런 노력들은 모두 아이들을 만나기 위함이다. 그저 형식적인 기도회가 아니라 한 번이라도 마음의 문을 열고 기도할 수 있도록 도우려는 노력이다.

우리 아이들은 말할 곳이 없다. 신앙은 당위성만 있을 뿐 왜 믿어야 하는지, 왜 교회를 다니고 있는지, 교회에서 행하는 많은 예전은 왜 해야 하는지 물어보지 못한 채 신앙생활을 한다. 무척이나 현실적이고 현재적인 아이들에게 미래를 말하고 내세를 말해도 관심이 없다. 오히려 지금 어떤 교회로 비춰지고 있는지가 더 중요하다. 아이들에게 거창한 꿈을 말하거나 허세에 가까운 부푼 꿈을 주지 않으려고 한다. 그냥 편하게 대화하고 말 걸 수 있는 목사가 되려고 한다.

물론 오랜 시간 교회 문화에 익숙해진 아이들은 스스로 목회자와 자신의 관계에 금을 긋고 예의를 갖추려고 한다. 하지만 일단 해체되어 다 무너져야 새로운 관계도 가능하기에 가급적 친구처럼 대한다. 청년은 청소년을 동생처럼 챙겨 주고, 청소년은 청년을 형 누나처럼 여기는 모습이 보기 좋다. 그래서 따로 수련회를 하지 않고 '청청 Day'라고 해서 청년과 청소년이 함께 콜라보를 이루며 한 지체 됨을 확인하는 행사들을 한다. 서로 별개가 아니라 한 지체로서 챙겨 줄 수 있는 관계가 되어 가고 있다.

요즘은 혼자 자란 아이들이 많다. 많아야 형제 두세 명 정도다. 그런데 교회 오면 그 많은 사람이 나의 형이고 오빠고 누나고 언니다. 얼마나 좋은지 모른다. 예수님 덕분에 생긴 신비롭고 신기한 관계이다. 아이들에게 자주 가족 됨을 설명하고 서로 가깝게 지내며 챙기도록 연결해 준다. 물론 나 아닌 사람에 관심을 갖지 못하는 것은 교회 아이들도 똑같다. 그러나 놀랍게 변화되는 모습을 확인하는 경우도 있다. 때로는 부모 이상으로 자신의 고민을 나누고 서로 기도를 요청하는 일들도 생긴다.

교회의 전통이 오래되면 쉬운 일일 수도 있겠지만 이제 막 개척된 교회는 모든 것을 새롭게 시작해야 했다. 우리가 가족이라는 의식도 그중 하나이다. 이것은 신앙생활을 오래 하고 짧게 하고의 문제가 아니라 하늘땅교회의 지체가 된 누구나

우리는 날마다
교회가 무엇인지
묻는다

가족 됨을 알아 가야 하기에 어려운 과제였다. 그래도 꾸준하게 교회론을 배우고 나누는 사이에 조금씩 무르익어 먼저 된 자가 나중 된 자를 섬기고 챙기는 일들이 아이들 안에서도 경험된다.

고민하고 방황하는 아이를 위해 먼저 겪은 형으로서 밥을 사 주는 경우를 본다. 자신도 돈이 없을 텐데 말이다. 그럴 때면 내가 모두 데리고 가서 사 주기도 한다. 아이들이 드나들도록 목양실은 늘 열려 있다. 평소에도 문이 열려 있지만 아이들에게는 더 그렇다.

아이들이 교회를 재밌어하고 친구들도 전도하니 부모들은 그제야 안심하며 오랜 기도 제목이 이루어졌음을 고백한다. 그러니 교회가 아이들을 위해 하는 일에 부모들이 더 열심이다. 아이들이 자기 발로 주일을 지키는 모습에 놀란다. 물론 처음에는 그동안 부모 등쌀에 떠밀려 겨우 교회를 다닌 것이어서 어렵다. 하지만 자기가 결정할 수 있도록 부모들이 강요하는 자리에서 내려온다. 그 자리를 사역자들이 사랑으로 메꾼다.

우리도 그랬지만, 인생에서 가장 존경하는 사람이 '목사님, 전도사님'이라고 말하는 아이들이 있다. 그것도 대학 면접시험에서 말이다. 처음에는 놀란다. 대학을 안 가려고 저러나 싶을 정도다. 그러나 진정한 사랑을 맛본 아이들은 교회와 목회자를 다시 생각한다.

비록 누가 알아주지 않더라도 교회만은 말할 곳이 없어 방황하는 아이들을 품어 주는 사역을 감당해야 한다. 오늘도 만난 아이들에게 고맙다고 말했다. 교회가 잘한 것이 아니라 너희가 믿고 끝까지 신앙의 대열에서 이탈하지 않아서 고맙다고.

운동장 같은 교회를 준비하며

누구나 자기 삶이 있다. 그것이 교회라는 공동체로 농축되어 모인다. 가장 작은 도시에 존재하는 하늘땅교회 성도들은 대부분 아파트에 산다. 또한 도농 지역이라 농사짓던 성도들은 언젠가 지역에서 떠나야 한다. 교회로서 평생을 함께하는 가족이며 지체이기에 함께 미래를 고민한다. 더욱이 가족 구성이라는 것이 우리의 상상과 달리 복잡하다. 혼자 사셔야 하는 어르신들도 있다. 그래서 하늘땅교회는 귀촌 공동체를 꿈꾸게 되었다.

어르신들은 교회 마당에 농막을 지어 함께 살면 좋겠다는 생각이 든다. 그런가 하면 아이들은 흙을 밟고 뛰어노는 교회였으면 좋겠다. 아파트에 살면서 가장 많이 듣는 말이 '뛰지 마라'일 텐데 교회까지 와서 뛰지 말아야 하는 상황이 미안하다.

교회 안에는 태어난 고향이 시골인 이들도 있고 아이들 신앙 교육을 자연에서 하고 싶어 하는 이들도 있다. 그래서 하늘 땅교회가 조금 외곽에 또 하나의 귀촌 공동체로 세워지길 함께 꿈꾸고 이야기 나누며 소망하고 있다. 지금은 도시 공동체로 존재하지만 또 하나의 귀촌 공동체가 세워지면 더 이웃과 친밀한 마을 살이를 하게 될 것이다.

귀촌 공동체로서 하늘땅교회가 세워지면 그곳에 대안학교도 세우고, 마을을 섬기기 위해 준비된 성도들이 작은 병원도 개원하고, 교회 공동체가 마을 조합으로 구성되어 적극적으로 섬기려고 한다. 차가 오가지 않는 읍내에 마을버스를 기다리는 아이들에게 도서관을 열어 주고 그곳에서 작고 큰 교육들이 이루어지길 바라고 있다. 교회 성도들과 함께 충분히 생각을 공유하고 나누며 비전이 되어 간다. 이 일을 위해 오산에서 조금 떨어진 곳에 장소도 알아보고 있다. 하나님이 허락하시면 더 작은 마을을 섬기는 일을 하려고 한다.

이만큼 이야기가 진행되기까지 매해 조금씩 비전을 나누고 꿈을 꾸었다. 무엇보다 교회가 고령화 사회로 접어들며 혼자 되신 성도들과 함께 살아가기를 해야 한다는 생각이다. 우리 아이들의 미래 교육 또한 교회가 함께 고민해야 한다. 젊은 가정들과 이야기하면 그것을 느끼게 된다. 더 협조적이고 자녀 교육에 대해 고민을 많이 한다. 이 일을 위해 자신들이 더욱 헌신하려는 마음들이 있다. 교사, 작가, 학원 등 다양한 직업군을 이루고 있기에 얼마든지 귀촌 공동체가 준비되면 공동생활이 가능하리라 생각한다. 그러나 더 중요한 것은 성경적 가치관을 가지고 대안 공동체이자 대항 공동체로서 살아가려는 성도들이 있기에 가능하다.

주변에서 이미 텃밭을 일구고 흙을 만지며 유기 농법으로 자체 경제 활동을 하는 다른 공동체의 이야기를 들으며 더더욱 귀촌 공동체를 준비하려고 한다. 여기저기 알아보니 정부에서 교육을 장려하고 있다. 시골 읍면 단위의 학교가 한 지방에서만 200여 개가 문을 닫고 있다. 심지어 대학이 문을 닫아야 할 정도로 정원 미달 사태가 벌어지고 있다. 물론 여전히 수도권에 있는 대학들로 모여들겠지만 말이다. 저출산에 따른 문제겠지만 교회는 함께 책임지는 마음으로 대책을 강구해야 한다.

교회는 아이들이 자기 꿈을 더 다양한 방식으로 찾아가도록 도울 수 있어야 한다. 어릴 때 다양한 경험을 하며 사람과 사람이 더불어 살아가는 가치가 무엇인지를 배우게 하는 것이 중요하다. 개인 생활이 인정되면서 함께 더불어 마을을 구성하고 가꾸는 일을 조금씩 준비하고 있다. 그래서 다시 하늘땅교회는 어떤 공동체인지 묻는다. 땅에서도 하늘을 품고 살아가는 공동체로서 이 땅 가운데서 하나님의 형상을 회복하고자 우리 신앙을 다시 점검한다.

그 옛날 농경 문화에서 자란 어르신들은 지금도 흙을 만지고 싶어 하신다. 함께 모여서 이야기하고 사람을 만나는 일은 건강에도 좋다. 실제로 고향에 가니 면(面)에 있는 요양원 인기가 하늘을 찌른다. 그 이유를 물으니 그 지역에 살던 어르신들이 다 그 요양원에 계신다고 했다. 아는 사람들이 모이니 외롭지 않고 낯설지 않아서 인기가 있다는 것이다. 그래서 자녀들 방문도 많다는 것이다. 전혀 낯선 곳에 가지 않고 한 마을에서 이웃으로 살다가 요양원에 와서도 함께하니 그냥 마을 생활을 그대로 옮겨 놓은 것 같아 좋다는 의미이다.

귀촌 공동체에 함께 모여 생활하는 것은 자발성을 가지고 만들어 가려고 한다. 물론 다시 도시 공동체로 돌아와 신앙생활을 하는 것도 자발적이다. 교회는 함께 살아가는 가족이다. 이해득실을 따지지 않고 함께 살아가는 공동체다. 공동체(community)라는 말이 '서로에게 선물이 되어 주는 것'이라는 의미를 지녔듯이 그렇게 살아갈 수 있다면 얼마나 좋을까. 함께 머물 숙소를 준비하고 예배할 수 있는 마당을 준비하고 그곳에서 마을을 섬길 일들을 준비하고 있다. 아이들의 함성 소리가 마을에 다시 퍼지는 일을 위해 교회가 발 벗고 나섰으면 하는 바람이 크다.

목회자들도 안식년의 일환으로 흙 속에 다녀오는 것이 좋다. 정직하게 흙을 만지는 일을 통해 씨 뿌리는 일을 시작하려고 준비한다. 아직 이루어지지 않은 이야기이지만 미래 목회를 준비하고 다음 세대를 준비하는 원대한 꿈을 꾼다.

창조
목회

목회의 생명은 상상력과 창의력에 달려 있다. 날마다 꿈을 꾸는 상상은 중요하다. 생각을 멈추면 죽는다. 무엇이든 할 수 있는 것을 찾는 수고는 책을 통해서, 배움을 통해서 끊임없이 도전받게 된다. 개척하고 지역 내 목회자들과 계속해서 책을 읽으며 도전받는다. 혼자보다 함께 읽고 나누면 풍성해진다. 서로의 사정을 기꺼이 내어놓고 기도할 수 있다.

다들 개척하는 것이 어렵다고 생각하지만 사실 그때는 꿈이라도 있다. 도리어 개척 후 그 자리를 지키는 것이 어렵다. 자기 스스로 정체되지 않기 위해 부단히 싸우고 노력하는 수고를 해야 한다. 목회자의 무너짐으로 인해 교회가 고통당하는 것을 종종 본다. 특히 정서적 불안정이 교회를 어지럽게 하는 일은 목회자나 성도나 똑같다. 누구든 그런 상황을 만나지 않는다는 법은 없다.

때때로 사람을 떠나보내는 아픔도 크다. 연말이면 이런저런 이유로 교회를 떠나는 사람들이 있다. 뜨내기 도시라는 오명을 듣고 있는 지금도 어쩔 수 없는 상황을 매해 경험한다. 쿨하게 축복해도 헤어져야 하는 고통을 피할 수는 없다. 떠나는 사람은 나름의 이유가 있겠지만 남은 사람은 떠나보내는

우리는 날마다
교회가 무엇인지
묻는다

고통을 고스란히 겪는다.

지역마다 특성이 있겠지만 우리가 사는 지역은 참 많은 이동이 있다. 사람들이 몇 년을 못 살고 떠난다. 젊은 도시라서 그런지, 인구 변동이 심하다. 지역 내에서 먹고 살기가 너무 힘들다는 인식도 있다. 나 역시도 만나고 헤어지는 일이 처음에는 힘들었다. 물론 지금도 이해를 할 뿐 힘들다. 그러면서 점점 마음 가운데 창조 목회에 대한 생각이 움텄다.

독일 어느 탄광촌이 텅텅 비게 되었다고 한다. 더 이상 석탄을 캘 수가 없어서 사람들이 다른 도시로 이주하게 되었기 때문이다. 그런데 한 교회가 사람들을 독려해서 성벽에 책꽂이를 세워 놓고 책을 꽂기 시작했다. 이 일이 알려지면서 사람들은 그냥 책을 무작정 모아서 기증했다. 이것이 마을에 관광객을 유치하는 계기가 되었다. 사람들은 탄광촌이었던 이곳이 독서를 할 수 있는 도시로 바뀌는 것에 흥미를 가지고 찾아온다. 다 죽었던 도시를 살린 것은 어느 교회의 상상력과 창의력으로 인한 것이었다.

어느 책에서 이 내용을 읽고 도전이 되어 지역과 함께하는 창조 목회에 대한 막연한 그림을 그리기 시작했다. 이 일을 위해 아이들을 공부시킨다. 대부분의 아이들이 중상위권 대학에 진학하여 꿈을 꾸며 다시 오산으로 내려와 지역을 살리는 꿈을 가지고 있다. 아이들이 공부를 해야 하는 이유를 잘 찾지 못하다가 교회를 통해 공부해서 다른 사람을 돕는 것에 대한 꿈이 생겼다.

본질 목회, 감동 목회, 공동 목회 등 지금까지 많은 목회 이야기를 나누었다. 이 모든 것을 아우르는 창조 목회는 늘 도전이다. 지역의 정서를 이해하고 어떻게 하는 것이 지역 교회의 책임인지를 아는 것은 중요하다. 아무것도 없는 황무지에서 꽃을 피우는 것이 개척이다. 하늘땅교회는 처음부터 지역 특성상 어려운 곳이었기에 기도하며 오산에 개척하게 되었다. 사람들이 찾아오는 고향 같은 교회에 대한 꿈을 가지고 있다. 외롭고 힘들게 살아가는 사람들을 품을 수 있는 프로그램을 준비한다. 인문학 특강, 작가 초대, 독서 나눔 등으로 다양하게 지역 사회와 호흡해 왔다. 하나의 정신을 만들어 가려는 움직임이다.

또한 인생 학교를 열어 누구나 자기 삶을 찾아가고 만들어 가는 과정을 위해 준비하고 있다. 삶의 궤적은 굴곡이 있고 장단이 있을 뿐, 모두 다 비슷한 과정을 겪는다. 누구나 성장 과정을 겪기에 이것은 신자가 아니어도 함께 호흡할 수 있는 부분이다. 가급적 교회 안 우리를 위한 교회가 아니라 지역과 비그리스도인을 위한 교회가 되고자 10년 앞을 생각하며 목회를 또다시 준비한다.

지금은 어느 정도 안정적인 목회를 하고 있지만 10년 뒤를 생각하면 교회의 연령층이 많이 바뀔 것이다. 노쇠화되지 않도록 더욱 젊은이들이 찾아오고 찾아가는 목회를 한다. 지금

우리는 날마다
교회가 무엇인지
묻는다

당장만 생각하면 안주할 수 있다. 하지만 10년 뒤를 생각하면 개척 때 마음이 살아난다. 다들 말리는 개척을 할 수 있었던 것도 앞으로 10년 후 사람들이 세상에 참 소망이 어디에 있냐고 물을 것을 생각하며 그 대답을 준비하려고 시작한 것이다.

하늘땅교회는 오산에 속해 있다. 이것을 잊지 않고 있다. 우리가 사는 마을만이라도 잘 섬기고자 하는 소박한 꿈이 있다. 이곳에서 사람들이 깨어나고, 젊은이들이 다시 돌아오고, 지역의 젊은 인재들이 탄생하는 일은 교회의 몫이다. 주님이 하셨던 사람을 살리고 세우는 일을 계속하려고 한다. 우리가 살아가는 마을에 하나님 나라가 임하길 바라는 마음이다.

그래서 지역 교회를 깨우고 목회자들을 세우고 함께 연합하여 하나님의 일을 위해 기도하고 예배한다. 주기적으로 모이는 일을 통해 성도들이 도전받고 하나 되어 연합하려는 몸부림이 계속 일어나고 있다. 비록 작은 몸짓이지만 이것이 나비효과가 되어 이 땅과 열방을 깨우는 일이 되길 바란다.

"사울과 그의 사람들이 찾으러 온 것을 어떤 사람이 다윗에게 아뢰매 이에 다윗이 바위로 내려가 마온 황무지에 있더니 사울이 듣고 마온 황무지로 다윗을 따라가서는"(삼상 23:25)

사무엘상에는 도망자 다윗의 이야기가 나온다. 사울로부터 도망친 다윗은 광야에서 철저히 외로운 싸움을 한다. 아둘람 동굴에 숨기도 하고 생명을 부지하고자 미친 사람처럼 침을 질질 흘리는 거짓 행위도 한다. 그가 생명이 위태로울 때 그를 도운 사람은 무명의 '어떤 사람'이었다. 사울이 추적해 온다는 소식을 전해 준 어떤 사람이 다윗의 생명을 구원하고 그가 살아남아 이스라엘의 왕이 될 수 있게 했다.

하늘땅교회는 무명의 '어떤 교회'여도 좋다. 다만 오고 있는 하나님의 일을 알리고 무엇을 준비해야 하는지 전하는 어떤 교회이면 좋겠다. 오늘도 위대한 꿈은 없다. 다만 하나님의 작은 일을 감당하는 어떤 교회이고 싶다. 우리가 세상에 드러나지 않기 위해 노력한다. 우리는 이 땅에서 주의 일을 감당했던 어떤 교회로 남기를 소망한다. 그리고 나 역시 그 어떤 목사로 살아갈 뿐이다.

축복이
우리 사명

하늘땅교회는 늘 축복하는 사명을 감당하려고 한다. 누구를 만나든지 축복의 손을 내민다. 창세기 2장 3절은 하나님이 우리를 복되게 하셨다고 말씀한다. "하나님이 그 일곱째 날을 복되게 하사 거룩하게 하셨으니 이는 하나님이 그 창조하시며 만드시던 모든 일을 마치시고 그 날에 안식하셨음이라"

하나님의 축복을 받은 우리가 해야 할 일은 축복하는 것이다. 하나님이 보시기에 심히 좋았다고 말씀하신 창조의 원역

우리는 날마다
교회가 무엇인지
묻는다

사를 따라 하나님의 형상이 회복되길 바라는 마음으로 축복하는 삶이 선교다. 선교는 다양하게 설명할 수 있지만 기본적으로는 내가 주께 받은 축복을 누군가에게 나누는 것이다. 그 영혼이 범사에 잘되기를 축복하는 일이 교회의 전도요 선교다.

많은 사람이 선교를 말하면 먼 곳을 떠올린다. 또 많은 교회가 선교를 일로 여긴다. 그렇게 선교 사역을 많이 하는 교회가 살아 있는 교회라고 말한다. 물론 맞는 말이지만 선교는 사역 이전에 함께 더불어 살아가는 삶이기도 하다. 삶의 자리가 넉넉하지 못해도 한 영혼을 축복하고 사랑하는 일이 선교의 시작이다.

사람들 사이의 파편화된 관계가 점점 심각해져 간다. 모든 관계가 단절되니 사람과 사람이 만나야 하는 선교가 더 어려워졌다. 하지만 선교가 그 나라 그 백성과 더불어 관계를 맺고 살아 내는 삶이라고 생각하면 처음부터, 한 걸음씩, 다시 시작하면 된다. 선교는 사역보다 삶이 먼저다. 사역이 이루어지기 전, 약한 자들과 우정을 맺는 일부터 시작해야 한다. 같이 살아가는 삶이 선교다.

선교사들 역시 사역 이전에 그 삶이 어렵다고 호소한다. 자녀들의 적응 문제, 인간관계 문제, 건강 문제, 비자 문제 등 해결되어야 할 많은 소식을 듣는다. 그러다 때론 삶이 무너져서 견디지 못하고 돌아오는 것을 본다. 변하지 않는 것이 사람이라고 더욱 단단하게 확신을 갖게 된다. 더 이상 축복의 손을 내

밀지 못하고 방황하는 일이 생긴다. 사명자의 마음으로 순종하여 나아갔던 선교지에서 삶의 무너짐 때문에 그 누구도 축복하지 못하게 된다. 잊지 말자. 선교와 삶은 분리될 수 없다.

지역 교회로서 존재하는 우리는 많은 사람의 아픔을 본다. 교회 안에 환우들도 그렇고, 타 교회에서 입은 상처를 가지고 나아오는 이도 그렇다. 관계가 힘들고 사람이 힘들어서 교회 나오기를 두려워한다. 교회에는 사랑도 있지만 미움도 있다. 여전히 죄인들의 공동체이기 때문에 어쩔 수 없다. 그러나 교회가 끝까지 그 삶을 믿어 주고 아껴 줄 때 탕자가 돌아오듯 다시 예배의 자리에 나오게 된다. 선교의 삶은 축복을 유통하는 삶이라고 했다. 흘려보내는 삶이라고.

성지순례를 다녀오면서 깨달은 것이 있다. 갈릴리는 많은 물고기들이 살고, 식수이기도 해서 없어서는 안 될 중요한 호수다. 그런데 사해는 물고기들이 전혀 살지 못하고, 식수로도 사용할 수 없다. 사람이 뜰 정도로 염분 수치가 높다. 그래서 사해를 죽은 바다라고 한다. 두 바다의 차이는 바로 플로잉(flowing), 흘려보냄이다.

교회의 사명은 사해가 아니라 갈릴리 바다처럼 주께 받은 사랑을 흘려보내는 것이다. 교회는 기꺼이 축복을 유통하는 삶, 축복의 통로로 존재한다. 교회는 흘려보내는 존재다. 생명이 생명 되도록 흘려보내는 주님의 사역이 선교다. 매달 교회 통장의 빈 잔고를 보며 더더욱 흘려보내길 소망한다. 이 썩지

우리는 날마다
교회가 무엇인지
묻는다

않는 삶에 전 성도가 동행하리라 믿는다.

주님은 원수까지 사랑하셨다. 그 원수를 위해서 기꺼이 십자가에 달려 죽으셨다. 베드로전서 3장 9절은 "악을 악으로, 욕을 욕으로 갚지 말고 도리어 복을 빌라 이를 위하여 너희가 부르심을 받았으니 이는 복을 이어받게 하려 하심이라"라고 말씀한다. 이처럼 복을 빌어 주는 삶이 우리의 책무이다. 예수 그리스도를 아는 것이 복이고, 예수 그리스도를 전하는 것이 선교다. 그분의 그 축복이 무엇인지 나누는 것이 선교다.

목회하면서 이 사실을 늘 기억하려고 한다. 얼마나 많은 사건 사고가 교회에서 일어나는가. 또 얼마나 많은 말이 교회에 난무하는가. 교회가 개척되어 이만큼 세워지기까지 참 많은 어려움이 있었지만 외로워서 그런 것이라고 생각했다. 그렇게 여기며 어떤 나쁜 감정도 갖지 않을 수 있었고, 한 번 만난 성도라도 잊지 않고 밤마다 기도할 수 있었다. 주님의 마음은 축복하기를 바라시지 않는가. 이 땅에서의 축복이 열방으로 나아가는 선교, 그 중심에 주님의 축복을 흘려보내는 교회가 있다.

주님의 마음으로 살아가면 모든 것을 품을 수 있다. 그리고 다시 흘려보낼 수 있다. 사랑은 흘려보내는 것이다. 축복을 흘려보내는 것이다. 이 땅에서 선교적 삶을 산다는 것은 흘려보내는 삶을 살아 내는 것이다. 그래서 삶이 중요하다. 삶이 곧 예수 그리스도께서 주신 메시지가 되어야 한다. 하늘땅교회가 그런 교회이기를, 이 땅의 모든 교회가 그렇게 되기를 기도한다.

저자가 추천하는 함께 읽을 도서목록

우리는 날마다
교회가 무엇인지
묻는다

게르트 타이센, 『예수 운동의 사회학』, 서울: 종로서적, 1984.
게르트 타이센, 『기독교의 탄생』, 서울: 대한기독교서회, 2009.
고든 스미스, 『온전한 회심』, 서울: CUP, 2012.
고진하, 『시 읽어주는 예수』, 서울: 비채, 2015.
김선일, 『전도의 유산』, 서울: SFC, 2014.
닐 콜, 『교회 3.0』, 서울: 스테스톤, 2012.
닐 콜, 『파도를 타는 교회』, 서울: UML, 2020.
라캉과 현대정신분석학회 편, 『우리 시대의 욕망 읽기』, 서울: 문예출판사, 1999.
래리 허타도, 『주 예수 그리스도』, 서울: 새물결플러스, 2010.
로버트 단턴, 『문화사 읽기』, 서울: 길, 2008.
로버트 뱅크스·줄리아 뱅크스, 『교회, 또 하나의 가족』, 서울: IVP, 2003.
로버트 콜스, 『환대하는 삶』, 서울: 낮은산, 2011.
로버트 S. 와이쓰, 『고독의 사회학』, 서울: 전예원, 1983.
루스 A. 터커, 『하나님이 기뻐하시는 작은교회』, 서울: 예수전도단, 2008.
리처드 피스, 『신약이 말하는 회심』, 서울: 좋은씨앗, 2001.
마이클 그린, 『초대교회의 복음전도』, 서울: 복있는 사람, 2010.
마이클 J. 고먼, 『삶으로 담아내는 복음』, 서울: 새물결플러스, 2019.
미로슬라브 볼프, 『배제와 포용』, 서울: IVP, 2012.
바라라 해커티, 『신의 흔적을 찾아서』, 파주: 김영사, 2013.
박영호, 『우리가 몰랐던 1세기 교회』, 서울: IVP, 2021.
박준, 『계절 산문』, 파주: 달, 2021.
배철현, 『인간의 위대한 질문』, 서울: 21세기북스, 2015.
브루스 W. 롱네커, 『로마 세계의 초기 기독교 이해』, 서울: 새물결플러스, 2022.
사이먼 슈락, 『서로서로』, 서울: 생명의 말씀사, 2006.
스캇 솔즈, 『선에 갇힌 인간 선밖의 예수』, 서울: 두란노, 2020.
안도현, 『그리운 여우』, 서울: 창작과 비평사, 1997.
안희열, 『바울, 교회에서 길을 찾다』, 서울: 두란노, 2021.
알렌 크라이더, 『초대교회의 예배와 전도』, 춘천: KAP, 2007.
알렌 크라이더, 『초대교회DP 길을 묻다』, 군포: 하늘씨앗, 2021.
알렌 크라이더, 『회심의 변질』, 대전: 대장간, 2012.
에디 깁스, 『넥스트처치』, 서울: 교회성장연구소, 2004.
올가 토카르추크, 『방랑자들』, 서울: 민음사, 2019.
이문장·앤드류 월즈 외, 『기독교의 미래』, 파주: 청림출판, 2006.
이생진, 『나무는 왜 울지 않을까』, 서울: 평단문화사, 1991.
잉글랜드 성공회 선교와 사회문제 위원회, 『선교형 교회』, 서울: 비아, 2009.
유성준, 『세이비어교회』, 서울: 평단, 2006.

유진 피터슨, 『성공주의 목회 신화를 포기하라』 서울: 좋은씨앗, 2002.

윤대선, 『레비나스의 타자철학』 서울: 문예출판사, 2004.

웨인 A. 믹스, 『바울의 목회와 도시사회』 서울: 한국장로교출판사, 2012.

은준관, 『신학적 교회론』 서울: 대한기독교서회, 1995.

은준관, 『실천적 교회론』 서울: 대한기독교서회, 1999.

장 바니에, 『공동체와 성장』 서울: 성바오로, 1985.

백슨 캐롤, 『권위 있는 목회자』 서울: 한국장로교출판사, 2006.

정약용, 『유배지에서 보낸 편지』 서울: 창작과비평사, 1991.

정영진, 『사람이 따르는 리더 행복을 부르는 리더』 서울: 리더북스, 2007.

제럴드 L. 싯처, 『차이를 넘어선 사랑』 서울: 성서유니온선교회, 2003.

제임스 던, 『예수와 기독교의 기원』 서울: 새물결플러스, 2010.

제임스 화이트·수잔 화이트, 『교회건축과 예배공간』 서울: 새물결플러스, 2014.

짐 월리스, 『회심』 서울: IVP, 2008.

찰스 오레일리·제프리 페퍼, 『숨겨진 힘』 파주: 김영사, 2009.

초등교육과정연구모임, 『행복한 혁신학교 만들기』 서울: 살림터, 2011.

최진석, 『탁월한 사유의 시선』 파주: 21세기북스, 2017.

카렌 메인스, 『행복으로 초대하는 오픈홈』 서울: IVP, 2004.

크레이그 그로쉘, 『나는 누구인가』 서울: 넥서스, 2013.

크리스토퍼 스미스·존 패티슨, 『슬로처치』 서울: 새물결플러스, 2015.

크리스틴 폴, 『공동체로 산다는 것』 서울: 죠이선교회, 2014.

크리스틴 폴, 『손대접』 서울: 복있는 사람, 2002.

테드 W. 제닝스, 『데리다를 읽는다 바울을 생각한다』 서울: 그린비출판사, 2014.

톰 레이너, 『코로나 이후 목회』 서울: 두란노, 2020.

피에르 쌍소, 『느리게 산다는 것의 의미』 서울: 동문선현대신서, 1998.

폴 리쾨르, 『악의 상징』 서울: 문학과지성사, 1994.

프랑크 비올라, 『1세기 관계적 교회』 서울: 미션월드, 2007.

프랜시스 후쿠야마, 『트러스트』 서울: 한국경제신문사, 1996.

하워드 A. 스나이더, 『새로 세워가는 교회 공동체』 서울: 미션월드 라이브러리, 2017.

한국가족문화원, 『새로 본 가족과 한국사회』 서울: 경문사, 2009.

한스 부르스마, 『십자가, 폭력인가 환대인가』 서울: CLC, 2014.

한병철, 『타자의 추방』 서울: 문학과지성사, 2017.

헨리 나우웬, 『영적 발돋움』 서울: 두란노, 2018.

홍석하, 『애련리로 가는 길』 서울: 청하, 1980.

J.D. 그리어, 『담장을 넘는 크리스천』 서울: 두란노, 2016.

John Koenig, 『환대의 신학』 서울: 한국장로교출판사, 2002.

우리는 날마다
교회가 무엇인지
묻는다